東京市政論

【大正12年初版】

(財)東京市政調査会 編輯

地方自治法研究
復刊大系〔第二三八巻〕

東京市政論

〔大正十二年初版〕

日本立法資料全集 別巻 1048

信山社

ビーアド博士

東京市政論

財團法人
東京市政調査會

ビーアド博士と後藤子爵

序

ビーアド博士の東京市政論、飜譯玆に成り、將に江湖に見えむとす。余に於て、一言の序なきを得ず。今、筆管を撫して、紙幅に對すれば、肚裏感慨の新なるを覺ゆ。

顧れば、余の博士と相識る四歳を出でず、趣味好尚の必しも一なるにあらず、環境經歷に至つては、千里相隔絶せり。しかも、當世の時務を談ずるや、燃犀の間、機微相通じ、その國政市政を論ずるに至つては、情意、渾然として相投合し、想華、融然として相吻合す。余、私かに嘆じて思へらく、博士と余と、先世何の繋緣かあつて、相識る斯のごときを得るやと。

按ずるに、都市行政の業たる、日本近代の發達に屬す。殊に、東京の市政に至つては、形體を具して以來、裘葛を重ぬること、幾何もあらず。故に、德川幕府三百年の治ありと雖、東京は依然、一個の新都たるを免れず。然るに、明治五十年の照代と、大正十年の文運とは、東京を化して、世界焦目の中心都市と爲し、又併せて、現代的政治經濟の試驗場と爲したり。東京市政が、國際的、國內的の重要性を倍加し來りたる、亦偶然にあらずと謂つべきなり。

日本の政治的、文化的中心たる東京の市政を研究批判し、もつて、國政の歸嚮を定むるの楔子と爲すべきことは、現下喫緊の一事たり。余の思を此に致せる一二の故にあらず。しかも、荏苒遂に、今日に至りたる所以のものは、他なし、人を得るの難きにあり。

昨年初秋、ビーアド博士の來朝せらるゝや、談偶々、この事に及び、博士は欣然として余のために、此の至難なる事業を遂行せむことを快諾せられたり。博士來遊中の半歳は、多くこの業に傾注せられ、遂に本書の完成を見るに至る。本懐何んぞこれに過ぎん。

抑々、政治の研究は、比較によりて發達す。そのこれを爲す、時間的に比較するは、歴史なり。空間的に比較するは、外國の檢討なり。都市行政の研究も、亦この範疇を出づること能はず。一國政治の研究が、外國人の手に成るは、吾人の屢々史上に目睹するところなり。かの英國憲法論が、佛人モンテスキューの手に成り、英國自治制論が、獨人グナイストの筆に依り、而して、米國民主政論が、佛人トックヴォルの研究に出づるが如し。

更に、一歩を進めて論ぜんか、社會諸相の研究は、分析と綜合との二途に依る。分析とは、科學なり。否、科學的研究法の特徵なり。而して、科學とは、最近二三百年間に發達したる、現代文明の所產なり。然るに、綜合とは、哲學なり。哲學は過去三千年の文明の產物にして、殊に古代文明の特色なり。吾人は、近代科學の解剖的犀利を愛すると共に、古典の莊重なる綜合的風格を尙ぶ。これ現代都市の批判者が、近代科學の探求者たると共に、古典的綜合能力の把持者たらざるべからざる所以なり。

然りと雖、文化硏究者の最大要件は、眞理探求の燃ゆるが如き情熱なり。情熱なきの徒は、共に當世の時務を談ずるに足らず。市政の要目は、水道鐵管の厚さと、市制の條文とにあらず。都市生活者たる人類の、生活向上に對する人道的感激なり。これあつて、初めて、彼は能く紛糾錯雜せる都市行政中に、終始一貫せる理想を洞見することを得べし。

いまこの要求を移して、我が友ビーアド博士を觀る、博士は實に、天が東京市政を檢討攻覈すべく、吾人に授けたる最上の適任者なり。東京市政論一卷、未だ都市行政の各部門を盡したりと謂はず。況んや、博士多年の造詣に至つては、その九牛の一毛にだも及ばず。然れども、讀者心して、行間不立の文字を心讀せば、博士が人格識見の全幅に横流することを看取すべし。今や帝都震災の後をうけて、國步の艱難日に加はる。灰燼の上に再生すべき新東京は、日本帝國復興の目標たり。博士論ずるところ、震災前の東京にありと雖、その闡明するところの原理は、移して新都復興の指針と爲すべし。余や、圖らず臺閣に列して復興の業に當る。今日、この書を世に送らんとするに臨み、感慨の無量なるを覺ゆ。冀くば、本書一卷、我國新政治學完成の一助たらむことを。

大正十二年十二月十五日

子爵後藤新平識

親愛なる後藤子爵

千九百二十二年九月十四日私の日本に到着するや程なく、貴下は私に授くるに四個の確定的任務を以てせられた。先づ第一は、日本の大學生及び主要都市の市民の間に、市政並に一般行政に關し深甚なる興味を喚起するについて、助力を求められたことである。第二は、調査會を輔けて其の調査計畫、圖書館及び調査方法を編成することである。第三は、租税、課税物件評價及び交通といふ如き、具體的都市問題についての米國の實例を要約して、貴下並に市理事者に提示することである。最後に、貴下は、當分私が東京市長になつたつもりで、東京市の市政問題に關する報告書を市民に提出し、『自由に又腹藏なく』私の見解を披瀝することを求められたのである。

本書は、貴下の着手されたる彼の興味あり意義ある事業に對し、私の參畫せむとせる試みの記錄である。豫言者決して價値なきにあらず、唯郷に容れられざるのみ。自國人よりも寧ろ外人の言に耳を傾けむとするところは、日本國民も亦他の諸國民と多く異らぬ。私が日本各地に於て論じたる問題の如き、其の孰れについても、到底私の及び得ぬ蘊蓄と雄辯とを以て論述し得る市政學者は日本にも尠くない。にも拘らず、旋毛曲りなる人性の常として、此等の學者の言論に對しては、私に與へられた注意の半分をも拂はないのである。

一　私が委囑を受けた第一の任務を果すについて、私の果して成功したか否かは私の云爲すべきことではないが、私としては此の仕事の完成の爲めに、決して勞苦は吝まなかつたものである。日本の市民の間に、市政に關する深厚なる興味を喚起せむとしたる私の努力の證左として、次に私の講演及び演説の概略を掲げる。

九月十六日　主宰者後藤子爵、加藤內閣總理大臣其の他朝野の名士を招待せる席上に於ける演説

九月二十一日　東京市政調査會評議員並に理事に對する演説

九月二十二日　東京市會議員及び市高級吏員に對する演説

演題『特別賦課』

十月一日　東京市自治記念に際し基督教青年會館に於ける公開演説

演題『近世產業文明に於ける都市の地位』

十月十四日　社會事業協會總會席上に於ける演說
　演題『產業文明社會に於ける社會事業』
十月二十一日　東京帝國大學に於ける講演
十月二十三日　早稻田大學に於ける講演
十月二十四日　東京帝國大學に於ける講演
十月二十五日　慶應義塾大學部に於ける講演(自午後一時至二時)
　早稻田大學に於ける講演(自午後三時至四時)
十月二十六日　東京帝國大學に於ける講演
十月二十七日　早稻田大學に於ける講演
十月二十八日　早稻田大學に於ける講演
十一月一日　アメリカン・スクールに於ける講演(午前)
　東京女子大學に於ける講演(午後)
十一月三日　東京商科大學に於ける講演(自午後一時至二時)
　日本女子大學校に於ける講演(自午後三時至四時)

明治大學に於ける講演（自午後四時十分至五時三十分）

十一月九日　京都帝國大學に於ける講演

十一月十日　京都市理事者及び市民に對する演說

十一月十一日　神戶市理事者及び市民に對する演說

十一月十四日　大阪市理事者に對する演說

演題『租稅と特別賦課』

十一月十六日　大阪經濟會に於ける演說

演題『市政の經濟觀』

十一月十八日　大阪朝日新聞社講堂に於ける講演

演題『米國に於ける市政刷新戰』

大阪朝日新聞は此の全譯を揭載し英文大阪每日新聞は原文を載せた

十一月十九日　名古屋市理事者及び市民に對する演說

演題『都市計畫と都市財政』

十一月二十五日　第一回全國都市計畫協議會に於ける演說

演題『米國に於ける都市計畫運動』

一月十五日、十七日、十九日　東京市政調査會に於て、東京帝國大學、早稲田大學其の他の研究者と會合講演

二月二十一日

二十二日

二十三日　東京、京都、大阪、神戸、名古屋及び横濱の六市代表吏員及び内務

二十四日　省官吏並に各大學代表者に對する六回の連續講演

二十六日

二十七日

演題『市政の技術問題』

右の諸會合の出席者は、全體を通じて約一萬人に上つた。而かも殆んど孰れの場合に於ても、此等の公開演説は其の全譯又は抄譯が日本の諸新聞に掲載せられ、數百萬の耳目に觸るゝを得たのである。

尚ほ内二三の演説は、一般雜誌や専門雜誌に全譯を載せた。更に市政に關する講

演及演說は、私の舊門下生高橋淸吾教授之を飜譯し『ビーアド博士講演集』として東京市政調査會より出版された。そして東京市政調査會は日本主要都市の當局者に之を配布し、又一般讀書界にも提供したのである。又大阪市理事者に對する演說『租稅と特別賦課』は、雜誌『全國都市評論』千九百二十二年二月號附錄『都市改良事業の財源としての特別賦課』の日本譯に對する序說として別冊に出版された。かゝるが故に、日本に都市改良問題に關する深甚なる興味を喚起せむとする貴下の計畫を實現するについては、人力の及ぶ限りは盡したと言ふも、敢て過言にあらずと思はれる。

二　私の引受けた第二の仕事は、東京市政調査會と協力して、其の組織と調査方法とを完成することであつた。此の方面につき私の仕事は、調査會の理事、職員諸君と協議し、且つ特殊事項について覺書を作成することであつた。

玆に欣びに堪へざるは、東京市政調査會が聰明なる指導者と、大事業の敢行に必要なる勇邁心とを有することである。將來必ずや日本の都市の爲めに目覺しい貢獻を爲すに至るであらう。

三

私に與へられた第三の仕事、卽ち貴下並に市吏員に對して、時々米國の實例についての材料を提供するといふことについては、玆に私の業績の記錄を輯覽することは困難である。時として其の要求は、例へば紐育市の電車問題の性質と、之が東京市に對する意義如何といふやうな事項について報告せよといふ、一般的招請の形式を以てせられたこともある。或は其の要求は個人的で――市長又は市當局者一人に於て、例へば紐育の豫算公開評議制、土地評價法の如き特殊の點に關する資料を求めらるゝこともあつたのである。

此の點に關する責務を果すに當り、私は先づ大體實狀の踏査を行つて、成るべく市理事者の時間の浪費を避けやうと思つた。然るに二三週間に互り市役所其の他東京市の公共施設を歷訪したる結果、市の經營者は既に近世的都市行政に關する大問題について充分の理解を有するのみならず、此等の問題に適應すべき該博にして進歩的なる方策すら、既に廻らしてゐるといふ事實が明らかとなつたのである。

東京市の經營者が、單に東西の學理と實際とに通曉せる、經驗ある行政家たるに止まらざることは、私の直ちに觀取し得るところであつた。彼等の特に思念するところろは、都市行政に關する最新思潮に後れざらむことてある。市内各種の圖書館には市政に關する凡ゆる外國語の書籍が備へ付けてある。日本の高級官公吏は通例自國語の外に二三個國語を讀み、且つ其の知識を肥すに日も尙ほ足らざる有様である。歐米現實の市政問題にして日本の專門家の未だ知らざる事項を見出すは蓋し至難に屬するであらう。內務大臣水野博士が私に尋ねられた最初の質問は、『米國に於ける都市支配人制はうまく行つてゐるか』といふことであつた。又紐育市政の重要事項については、アレゲニー以西の米國都市の市長の誰よりも、貴下の方が更に深き興味を有つてゐられると言ふも大過なきものと考へる。

かるが故に、東京市の當局者に對して、全然新奇なる構想を提供するの特權を享受せることは稀であつた。素より少數の場合について言へば東京市の技術的工事にして、西洋の最高標準に達せざるものを指摘し得たのは事實である。かういふ場合私は、西洋の實際について長い間の經驗を有する技師を聘して、市の建設事業に協力せしむるが善いと敢て進言したのであつた。

さりながら技術的方面に於ける此の種の弱點は、敢て怪むには足りない。西洋に於ては、工學の學理は實用と相俱に生育した。即ち學理と實際とが同時に發達したのである。然るに日本に於ては、工學原理先づ研究され、學理の方が實際の應用に先行したのである。而かも實務堪能の域に達するには、三年や五年西洋に於て、研究、見學、視察しても及ぶところではない。之は米國で所謂『埃の中をくゞつて』始めて修得し得るものである。即ち建設と運用との現實の仕事に長い間の、而かも高價なる經驗を積むことである。此の修得の基礎たる『埃をくゞる』ことは、他人のよく日本人に與へ得るところではない。未だ斯かる經驗なき新方面については、日本人自ら漸次之を體得するより他はない。

四　前にも述べた通り、私に委囑された第四の仕事は、私の任務の終りに當つて、報告書を作成するといふことであつた。而かも此の報告書の性質は全然私の判斷に任せられた。唯一の條件といふのは『自由に又腹藏なく』書けといふことである。そこで私は先づ最初に一大方針を決定することが必要となつたのである。東京市政に關する一二の項目、例へば課税物件評價又は租税といふやうな細目の研究を選むで、かういふ問題を徹底的に取扱ふべきものであらうか。それとも、もつと一般的な問題について研究すべきものであらうか。前者の路を選べば素より樂である。それに學問的良心に反するといふが如き道徳的危險も尠ない。例へば評價方法に關する資料は何時でも集まるし、私も多少米國の實例は心得てゐる。然るに市政全般に亙るといふことになると、各問題について極く大ざつぱに取扱ふより他ない。是れ淺薄の譏りを受くると同時に、專門家に對して具體的有益なる知識を與へ得ないといふ危險を冒す所以である。而かも斯かる難點あるにも拘らず、私は熟考の末、右二路の中危險の多い方の路を選むで東京市に關する概括的報告を書くことに決心したのである。

蓋し此の種の總論を出版することには緊急の理由がある。日本の專門家は上にも述べたところの如く、自ら進路を開拓し得る人々で、既に充分の力量を有つてゐる。都市問題の關する限り、日本に於て最も急務とするところは、市政問題に關する一般人士の興味を普及し、其の意義を彼等に徹底することに在る。例へば東京帝國大學にも、京都帝國大學にも市政學については特別講座の設けはないし、又都市行政學に關し一般的に論じた日本語の書物も數冊を數ふるに過ぎないのである。一般人士が市政問題について冷淡なのは、教育界が斯くの如く之を等閑に付せることが、疑もなく其の一部の原因を作してゐる。從つて日本帝都の實際問題についての一般的研究は、講演や、集會に依つて喚起した興味を持續する上に、幾分か役に立つであらうと考へたのである。かういふわけて、本報告書は東京市政問題我觀概要といふ形を採り、日本全國の都市研究者に對する入門書たらむことを期することゝなつたのである。

東京市の市政經營者は、恐らく本書に何等學ぶべき新事實なきを見らるゝであらう。實のところ、此等の諸氏がまだ熟知されざる都市問題なり、學說なりを發見することが困難なのである。併し乍ら市政の大成を期せむが爲めには、此等公人の背後に理解ある力强き輿論の後援を要する。之を以て私は本書をば、東京市を模範都市たらしめむと祈求する市民諸君並に來るべき日本の指導者たる年若き學生諸君に捧げる。若し夫れ此等の人々に對し、市政學は英才の赴くに値する問題なる所以を明らかにし、其の主要部門について、せめて緒だけでも與へ得たならば、私の勞力は以て充分に償はれたものである。

本報告書の蒐輯方法について一言する。私は諸方面の講演及び演説の合間に、市の營造物、公共施設、市役所などを訪問した。私の東京に着いたのは九月十四日で、其の後、時を移さず、十七日(月曜)午後には巡覽を始めて、先づ上野公園に在る自治展覽會を觀た。私は此處で東京市行政の主な活動狀態を簡潔にして有效な形式で示した模型、圖表、圖解及び寫眞圖を觀た。其の巧妙にして美事なる、米國諸都市に於ける此の種の展覽會に優るとも劣らぬといふ感を懷いたのである。私の巡覽中歷訪したのは、三河島下水處分工場、市立病院、養育院、職業紹介所、模範市營住宅、水道鐵管試驗所、水面埋立塵芥處分場、工事中の村山貯水池、羽村水門、濾過池、市立圖書館、市の小學校、市營簡易宿泊所、市の最惡地區、社會施設等であつた。之が視察に當り、私は大低の場合豫め市の吏員諸君を煩はして豫備智識を求め、既成事業及び目下着手中の工事の性質を了解するの便を得た。斯くして得たる知識を補足する爲め、私は視察の現場で材料を蒐集し、直ちに東京市政調査會職員の飜譯を仰いだのである。

右の諸方法に依つて蒐集した資料は、更に質疑法に依つて一層の增加を見た。私は着京後直ちに市の行政主要項目全部に涉る質問を類別して、廣汎なる質疑概要表を作つたのである。責任ある市の吏員は此の質疑表に配列せる順序に從つて解答を作り、資料を蒐集された。一方に於て、此等の解答は東京市政調査會の職員の手に依つて更に突き合せられ、又各項目に關する追加項目は、市の行政に通曉せる人々に依つて蒐集されたのである。右に關しては特に東京市政調査會の職員たる鬼頭忠一氏及び弓家七郎氏に負ふところが多い。同時に私は、米國政治の歷史と實際並に紐育市政調査會の調査方法に精通せる高橋教授から絕えず助力を得た。本調査の骨子が出來たのは、實に高橋教授及び前東京市主事現東京市政調査會參事田邊定義氏の助力に依るものである。本調査の進行中、私は十個年間東京市長の職に在つた尾崎行雄氏と長時對談の便を得、氏の知識と經驗とに基づく有益なる談話を拜聽した。

各方面から材料を蒐集したる後、私は報告書の草案を作成して、各部門の重要點につき、市の吏員や、在野の市民や、有名な市政問題研究家と意見を交換した。私自身の結論は、日本の當局及び見識ある觀察者の結論との突き合せを了したわけである。終始一貫して私は調査研究の完全なる自由を與へられてゐた。貴下の端的に求められたる私の『赤裸々の意見』、そは卽ち本書である。其の結論も、誤謬も、其のまゝに全部私自身のものである。私に力を副へて下さつた方々には、何等の責任もない。

本報告書を英文で出版するについては、東洋に於ける研究者のみならず、西洋に於ける研究者をも考慮に入れて書いたものであることを茲に告白しなければならぬ。蓋し日本の法律政治書は、市政に興味を有する殆んど總ての歐米人に對して全く閉鎖されてゐる。兎に角米國人は日本の都市問題について何等直接の知識を有つてゐない。かるが故に本書は、日本と西洋との間に知識的連鎖を作るの一助ともなるであらう。東京市の營造物や、役所や、記錄や、書類に自由に接近することを許され、有爲なる日本の吏員、學者の指導と助言を得た爲めに、私は日本に來遊する外人としては甚だ稀有なる機會を享受したのである。從つて私は西洋社會に對しても盡すべき或る義務を感ぜざるを得ず、茲に本書に依つて其の責を果さむと努めたのである。唯憾むらくば、私が東京市の貧民窟視察の際、『私共はあなたに私共の最も惡いところを御覽に入れます。之が私共に對する挑戰であります』と叫むだ一人の市理事者の勇氣と熱誠とに對して、茲に充分の敬意を表するに足らざることを。

右の次第であるから、本調査書の主たる效用は、東京市の經營者が、其の既に有せらるゝ計畫を實行するに當り、別個の方面より之に後援を與ふるにあらうと考へる。私の結論が假令其の計畫と一致しない場合と雖も、當面の問題について廣く世の輿論を喚起し、新たなる考案の道を開くといふ點に於て、何かの役に立つだらうと思ふ。兎に角、本書は斷片的ながら、東洋都市に關する知識の一資料として、歐米の市政研究者の歡迎するところであらうと考へる。

終に臨み私は、東京市政調査會の創業に參與すべしとの招請を受けたる光榮に對し、貴下に衷心感謝の意を表するものである。

千九百二十三年六月十二日

東京にて　チャールズ・エー・ビーアド

東京市政論目次

東京市政論

第一章　市政學の基準と組織

苟も或る行政的制度に對する批判を試みむとする者は、其の制度の公的たると私的たるとを問はず、先づ其の批判の基礎たる原則を明らかにする義務がある。換言せば、其の判斷の據つて立つ基準を闡明することてある。若し其の意中に藏するところのものが先天的推理に依り、抽象的觀念を本として作り上げた一つの理想的制度であるならば、先づ其の觀念の何たるかを闡明するを要する。之に反して其の立場が實際的、實用的なるにあるならば、先づ其の批判的見解の由つて來るところを明白に示さなければならぬ。

本報告書は一の理想としての抽象的觀念を東京市の場合に適用せむとするものてはない。抑々都市行政の現存諸形態は孰れも事實上に於ては何等かの理想を實現せむとして或る程度までの成功を收めてゐるものとも言へる。而已ならず、此の或る程度まで理想に近づいてゐるといふことは、總ての市政組織一般を通じて言ひ得ることである。例へば、どの都市行政について見ても、會計課が獸醫監督局内に置いてあつたり、防疫事務を商業會議所のやうな私立協會に委ねてあるやうなことはない。最も拙い場合を想像しても、其の行政組織は兎に角其の達せむとする一定の目的に對して相當合理的に適應するやうにしてある。蓋し人類は、試みと過ちの過程をくゞつて、次第次第に草昧渾沌の中から、理想の組織を編み出して行くものなのであらう。實際の仕事と實地から得た實用的前提と、抽象的觀念との働らきに依つて、行政の仕事が漸次理想の目的に接近するやうになるのである。

批判基準の根據

併し乍ら以下說くところは哲學的なものではない。東京市政を動かす具體的な力と之が具體的結果とを取扱ふのである。概して言へば、玆に闡明するところは、四つの主要根據より得たる基準に立脚するものにして、其の基準たる之を如何なる都市行政制度又は行政方法を批判する場合に用ふるも差支なきものである。

先づ第一に、比較行政法の研究より抽き出したる基準がある。例へば、自ら渡歐して佛獨、英其の他諸國の都市の制度を調査し、其の實際の踏査に基いて自ら可なりとするところに依り、一個の學理的市政案を案出することもできる。或は各都市の特質を選擇して之を概合せ、以て新たなる市政案を作ることもできる。斯かる外國の模範例の研究が有益なものであり、之まで米國及び日本に於ける市政學に影響を與ふるところ尠なからざりしことに疑ひはない。併し單に此の方法のみを用ふることは多くの危險を伴ふ。其の危險の第一は、現存せる特定の制度なるものが、孰れも多年の歷史的因緣の結果であつて、皆特異の社會的、經濟的環境から發生したものであるといふことを等閑視する點である。如何なる制度にも其の中には古來の既得利權が根を据ゑてゐるものであるが、此の利權は事實有用なるにはあらず、唯此の利權との妥協を必要とする情實の爲めに保存されてゐるのである。是れ法律學の發達上至大の價値ある比較行政法の研究も、行政學の發達については適當の參考資料を供することなく、延いて新たなる行政制度を組成するについて安全なる指針となり得ざる所以である。

基準の第二の根據は、特定の問題を取扱ふ場合各都市が現に採用せる技術的施設の研究である。元來科學的才能なるものは、或る一國又は一地方に集中してゐるとは限らぬ。之は隨處に發現するもので、時としては名もなき場所に在る場合もある。此の理由に依り、旅行と視察とは實に發見の航海とも言ふべく、從つて實際行政の細目に關し、之が批判上有用なる知識を涵養する爲め缺くべからざる要件となるのである。併し此の場合に於ても、或る行政作用がうまく行つてゐるのは、其の環境を作す地方事情あつてのこととて、之が參酌を忘れぬやう心しなくてはならぬ。

基準の第三の根據は實驗である。具體的實例を擧げむに、一定の機械仕掛を用ふる一組の掃除隊が都市の街路を掃除するとする。そこで批判能力ある行政官吏が其の方法を監視して、例へば一時間に何平方碼の鋪道の掃除が出來るかといふやうに、單位を定めて其の結果を確める。それから種々の組織と種々の仕掛とをやつて見て、『試みと過ち』の過程を通つて、遂に街路掃除についての進歩した方法に達するのである。大行政制度にして此の實驗の便宜を缺くものは、出發點に於いて既に不具である。時日が經つうちには杓子定規な吏員の手に落ちて、生産の能率に於て遂に間然するに至るであらう。以下說くところの基準と結論との一部は、紐育市政調査會の提案に基づき、米國諸都市の行へる實驗から得たものである。

市政批判の第四基準の根據は、株式會社が其の社員を組織し、之を動かすに當り採るところの方法是れである。尤も株式會社は單に公益の爲めではなく、主として營利の爲めに設立したものであるけれども、獨占的要素にして存在せざる限り、會社の利潤は生産的活動の能率如何に左右さるゝものである。株式會社は概して傳統や政治的既得權の阻碍を受けることがない。其の事業方針は愈々簡明に又特定的となり、專ら物資の生産てふ實績を收むるを目的とするのである。此の目的を成就せむが爲めに株式會社の當面する問題は、大部分都市行政も亦當面しなければならぬ問題である。株式會社では凡百の技師や勞働者を傭ひ、物資を購買し、据附機械を運轉し、そして單位で量れる實際の結果を目標とするのである。株式會社は都市行政の如くに、法律や行政監督の嚴重な取締を受けてゐないといふ點で、ずつと其の自由の範圍が廣い。此の故を以て其の特定の目的を成就するについては、株式會社の事業方針の方がずつと有效に働らく傾があるのである。會社が法律や政治的監督の制限を受けてゐる場合には、實質の結果を擧げむが爲めに、自ら注意を浪費の除去に注がざるを得ない。從つて此のことが却つて會社の活動に能率を生ぜしめるのである。

米國に於て株式會社の經營方法を研究して初めて之を市政に適用せむと試みたるものは紐育市政調査會であるが、此の研究は一般行政學の進歩に貢獻するところ益々大となりつゝある。素より此の方法を用ふるには注意を要する。經濟的法人と政治的法人と、其の間に存する周圍の事情の差別を見出すには、よほど訓練された鋭い眼識を必要とする。而かも研究者にして細心の注意を怠らざる限り、此の方法は必ずや最も有益なる結果を擧ぐるに違ひない。

紐育市政調査會は經驗を積むに從ひ、上述の四方法全部之を用ひて、之に依つて特定の行政制度の組織及び作用に對する測定標準の發達に資せなければならぬといふ結論に達した。法律や、實際の市政組織や、各種の傾向や、慣習や、技術的方法に關する精密なる研究に依り、又實驗の方法に依り、且つは株式會社經營法の調査に依つて、紐育市政調査會は、如何なる市政を調査する場合にも適用し得べき基準を設定したのである。加ふるに不斷の研究に依つて、其の標準に絶えず修正を加へ、以て檢別法を完全にし、融通の利かぬ獨斷を避けることにした。東京市に關する本調査に適用するものは實に紐育市政調査會の此の基準である。

適用さるべき基準の組織

行政生活上の具體事實の中から基準を求めむとすれば、必らずやそこに一定の有機的配列法が現はれ來り、之に依つて種々の標準に順序又は類別を附することゝなるのである。批判的分拆と、建設的假設とは相並むで進展する。

或は數千の基準をイロハ順に配列し、其の順序に從つて之を市政制度の各細目に適用し、各事業の微小細目に至るまで之を各々獨立の單位として取扱ふといふ方法も考へ得られる。併し乍ら事實に於ては、都市は全體として或る程度まで一個の統一體を成すものてある。其の行政各部門は、完體としての行政の使命又は目的を中心として相關的關係に在るものである。

此の理由に基づき紐育市政調査會は市政學の基準を一定の都市に適用するに當り、標準の一般的配列法卽ち組織を作つたのである。尤も此の配列法は性質上決して絕對的なものではないが、概して何等かの形に於て次の諸要素を含むものである。

（一）都市政廳は一定の都會地區住民の爲めを計るものである。此の地區內に於て其の機能を發揮せむが爲めには、市は全地域に對する法律上の權能を有し、且つ或る實際的限度內に於て其の都市の發達を管理しなくてはならぬ。

（二）或る種の責任は事の性質上當然都市行政に課せらるゝものである。從つて其の權能も亦其の責任に相應するものたるを要する。

（三）都市の行政組織は都市の有する機能の數と種類とに依つて之を決定し、關係密なる機能は同一課に配屬するを要する。

（四）都市は大規模の財政事務を行ふを要する。而かも此の種の事務は互に密接に關聯してゐる。從つて豫算計上、租稅、借入、會計管理及び報告に關する判斷の基準は、一體として取扱はるべきものである。

（五）都市は其の職分を果すに當り多量多樣の物資を、購買、貯藏、分配、使用するを要する。之が方法は一般に認められたる標準に適合しなければならぬ。
（六）都市は熟練技術者より日傭勞働者に至るまで、多種多樣の人員を多數に雇傭するを要する。右に就ては近世的人事行政の標準を適用しなくてはならぬ。
（七）都市は科學的方法と機械的設備とを要する職分を果さなければならぬ。技術は試驗濟の最高標準に合するものたるを要する。
（八）都市行政はそれ自體を目的とするものではなくて、一つの社會又は社會内の或る集團の利益に役せむが爲めの機關である。從つて科學的研究者は、（イ）社會内に存する所謂『社會的傳統』（ロ）新たなる特質を修得する道筋、（ハ）行政機關を選定して之に責任を課するに至る方法、（ニ）社會又は社會内に於ける實力ある人々が或る目的を自覺し、之に形態を與へ、更に都市行政機關の手に依つて之を實現せしむるに至る其の過程等の諸事項について調査を行はざるを得ないのである。
（九）近世文明は工業文明であり、工業は都市の中にある。總べて都市の行政は經濟上の意味に於ける有機的生産組織としての公共團體の能率に、根本的關係を有するものである。都市政廳は此の關係より生ずる職分を果さなければならぬ。

以上が即ち批判の資料及び其の適用の配列に關する組織の概要である。全世界何人と雖も、大都市に關し調査の完璧を期するに充分なる知識を有つてゐる者はないし、又有ち得る筈もないことは言を俟たぬ。斯くの如き大業を實現せむが爲めには、少くとも各方面の專門家十名乃至十五名を要する。各員夫れ夫れ專門の資料を蒐集して之に自身の基準を適用し、然る後上に概說したやうな仕組の考へ方に從つて、全員を結合統一しなくてはならない。將來の市政學なるものは、先づこんな過程を採つて建設されるのである。

本書は畢竟『試みと過ち』との過程を經て、都市問題に關する綜合的考察に多少の貢獻をなさむとする一つの試みである。

第二章　都會地域と都市行政

一定の都市について其の經營能率如何の問題を論ずるに當り、第一に起る質問はかうである。『都市政廳の權能又は權限が、其の公役を與へてゐる都會地域全部に及むてゐるかどうか』と之を換言せば、市政の法律上の限界が、市の經濟上の限界と一致してゐるかどうかといふことである。

此の質問は種々の理由に依り根本的である。素より都市の行政權が都會地域内の一小部分に限られたる場合に於ても、相當の能率は擧がるけれども、併し最高の意味に於ける能率は、市の權能が大都市の中樞地域に止らず、其の郊外地をも管理するにあらざれば、決して擧がるものではない。夫れ然り、何となれば人口稠密なる地域の都市問題は、之を一體として取扱ふを要するを以てである。瓦斯の供給、電燈、交通、下水道、上水道其の他の公給について、重複と無駄とを防がむが爲めには、全體としての取扱を要するのである。若し都市が郊外地に對して權能を有せざる場合には、中心地の密住を緩和し得ざるのみならず、其の外緣に新たなる密住地域の發生するを防ぐことができない。若し都市にして其の郊外地に何等の權限を有せざるときは、市内の街路を使用し、市内の事務所や店で商賣し、市内の鋪道を損傷し、加之市の中心地に於ける多くの施設に依つて利益を受くる人々をして、其の施設費に對し當然負ふべき分擔を出させることができないのである。こんな解かり切つたことは、西洋諸國でも日本でも、都市問題の研究家の熟知せることゝである。英國では大倫敦の事に處する爲めに倫敦府會が創設せられ、米國では大紐育が設定せられ、獨逸では最近に至つて普國憲法議會に依つて大伯林が創設せられたる(原註)如き、皆如上の事實を考慮に入れてやつたことゝである。

(原註)　普國法規類纂　千九百二十年法律第十九號

東京市についていへば、右の質問に對する解答は簡明である。專門家は既に此の問題の周到なる研究を遂げ、都市計畫東京地方委員會に於て、東京の都會地域は事實上一億六千九百七萬五千百四十一坪に亘れるにも拘らず、東京市行政權の及ぶ範圍は右都會地域の七分の一弱、卽ち二千四百七十三萬八千二百九十四坪に過ぎずといふことに決定した。然らば是れ廣大にして發達盛んなる七分の六の大都市地域が町村の權能下に屬して、西方の農村地方(多摩地方)と共に府廳の管轄下に置かれてゐるといふことなのである。而かも各町村は自己の特權を守るに急にして、建築物取締法の如き國家法令に反せざる限り、各々獨立の方針の下に進まむと欲するのである。此等の近郊町村には新住民日に日に入り込み來り、新建築地は大都市全體としての交通問題又は住宅問題に何等の關係なく、無秩序に設定せらるゝのである。舊來の東京市の呪たりし密住と不整形街路の弊とは、毎日毎時市の外緣に再現されつゝある。市政學者之を識り、東京市政の經營者之を識り、實際家亦之を識ると雖も、而かも此の問題唯一の解決法を採つて之を解決せむとする大政治家はまだ現はれてゐない。解決法とは即ち大都市地域全部を一行政廳下に統合して、之に廣大にして獨立せる權限を與ふることとてある。

東京市の經營者は、此の事項に關する諸事實についても、西洋諸國の統合運動史についても悉く精通してゐる。現に池田宏氏は東京市政調査會の理事及び常事委員として、千九百二十二年、東京市の地域を擴張し、且つ該統合都市の權能を擴大すべしとの完成案を作成された。此の案は西洋諸國の實例の研究に基くものにして、千九百二十二年十一月東京市政調査會長後藤子爵に之を提出し、更に調査會に於て討議を經たる上、東京市長、東京府知事及び内務大臣に提出せるものである。右の案は東京府を廢止し、東京市の境界を所謂大東京地域まで擴張し、東京府の殘存部分は之を隣縣神奈川縣に併合することを定めてゐる。此の經過を經て玆に大東京市なるものが創成され、市政事務に對する府の干渉は一掃さるゝ。そして新東京市廳は帝國政府と直接の關係に立つことゝなる。斯くして帝都の地域は自治團體として、帝國政府の直轄に屬するに至るのである。

同年早春の頃、内務省地方局は、東京市と其の隣接地域との關係について、一の未定稿案を作成した。右案の起案者は、市と府との二重行政に伴ふ無用の手數と重複とを認め玆に一自治體として全然府の管轄より脫せる東京都を創設すべき旨を規定したのである。尙ほ内務省案は、現在の東京市の地域内より東京府の權限を排除することの外に、東京都と隣接町村との關係より特殊の問題の生ずるものなることを認めてゐる。併し右の案は隣接地域を東京市に併合せむとするものにはあらずして、却つて舊東京府の殘存部分を以て武藏縣なる新縣を起さむとする案である。

而して東京都と隣接都會地域との間の關係を律する爲めに、右案の立案者は一つの協力制度を發議した。卽ち東京都會より十五名、武藏縣會より十五名の議員を選出し、其の組織する聯合議會に、道路、河川の如き一定の共通事項を處理する權能を與へむとしたのである。

此の案の大體の仕組を觀るときは、內務省に於ては、(一)東京市の自治權擴張、及び(二)縣都の協力制度なる兩結果を擧ぐべき妥協に達せむとするものなることは明らかである。是れ問題の一部的解決に過ぎざることは、特に深刻なる洞察力を俟つまでもない。右の案に依れば東京都の吏員は其の事務を行ふに當り、中央政府との交渉につき府を介するの必要がなくなり、市政問題に關する府の干渉をも終止するを得るのである。

併し乍ら本案を以てしては、市は急速に發達しつゝある郊外地をば、包括的計畫の下に統御するの權能を有しないことになる。此の點は東京市に對する府の監督權廢止よりも、もつと重大な事柄である。否、內務省案は、却つて郊外地の統御を益々困難にすることとなきや如何、是れ明らかに問題である。卽ち現在、市と隣接町村とは、共に同一行政廳の下に在るに反して、內務省案は郊外地をば、獨立にして競爭の地位に在る行政廳の管轄下に移さむとするのである。又東京都と新武藏縣との共通事項を處理する上に於ても、內務省案にはあまり多くの望を囑することはできない。既に述べたる如く、本案は東京都會と武藏縣會とより同數議員を選出して、聯合議會を組織せむとするものである。而かも此の聯合議會は、本案に依れば、議長を選ぶの權と、共同事業につき縣都二金庫に對して經費の支拂を要求するの權とを有するのである。

今日までの總ての經驗にして謬らざる限り、是れ縣都の紛爭の續出、遷延、熾烈を誘致する所以てある。斯くて紛爭解決の爲めに創められた機關が、却つて之を助成するに過ぎなくなる。聯合議會は日ならずして些細な黨略や、無用の論議の府となり、東京市の隣接町村問題は彌々重大となるてあらう。若し事實に於て妥協以上に出づるを得ないならば、寧ろ現在の府制を其のまゝにしておいて、單に東京市に對する府の權限を縮小するに止むる方が賢いやり方である。

若し東京市に對する府の制度を全然廢止し、而かも市の現境界に何等變更を加へないならば、全帝都地域に對する都市計畫の困難は減少するどころか、却つて增加するに至るてあらう。

東京市が其の行政權を帝都の全地域に及ぼすことのできない理由は、或る點に於て米國の諸都市が郡や町村の權限を排して、郊外地を統御することのできない理由に類似してゐる。米國には何處の郡にも、公職に就き俸給を受くることを以て自分の既得權と心得てゐる役人がある。此の種の役人は槪して職業的小政治家にして全國の政黨政治組織に重要な位地を占めてゐるものである。此等の役人は其の權利と特權とに對する干涉を以て、自分一個に對する侮辱乃至私有權の蹂躪として憤慨するのてある。第二に市の吏員と郡の官吏との間に非常な仕事の重複がある。雙方とも自分の職能を擴大して其の經費を增加し、以て其の地位の向上を圖るに急てある。其の結果事業の重複の爲め非常な經費の無駄を生ずるのである。第三に黨勢擴張に寧日なき政黨が、自黨固有の利害關係次第にて都會地域の統合に反對したり、贊成したりすることがある。農村地方は從來槪ね統合案に反對してゐる。それは大都會地域との隣接關係より生ずる彼等の特權と、經濟的利益とが、統合案の爲めに剝奪さるゝ虞があるからである。最後に州政府は時に大自治市の創設といふことに危險の念を懷くものである。

東京市の權限を擴張して全都會地域に及ぼすことが手間取るのも、やはり之と同樣の事情に由るものである。東京市の上に在る東京府は、面積五億九千四百三十萬四千百二十八坪卽ち大東京市案の面積の三倍ほどの地域を占めてゐる。多くの點に於て日本の府縣は米國の郡に似てゐるが、併し此の類似關係は必しも總べての點に亘るものではない。東京府には行政長官として府知事があるが、之は帝國政府の任命に係るものである。又七十四名の議員より成る府會があるが、其の四十七名は東京市から選出される。之に加ふるに府には多數の官吏がある。東京府の豫算總額は、三千八百七十六萬七千六百二十三圓(千九百二十二―三年)にして右總額の中、二千六百四十二萬三千八百六十圓は自治體たる東京市の現地域内住民の納付するところである。又府總歳出の中、東京市の爲めに費さるゝものは二千二百三十一萬七千二百八十圓に上り、殘餘の一千六百四十五萬三百四十三圓が東京市外の地域の爲めに費されてゐる。換言すれば、東京市は府金庫に二千六百萬圓を納付し、其の代りに二千二百萬圓を受けてゐるわけである。是れ大東京の都會地域の統合と、之が府よりの分離を困難ならしむる有力なる理由である。他の諸理由に至つては、東京市民の熟知するところである。

さり乍ら統合問題は、依然として東京市と帝國政府との當面する問題である。都市及び郊外地を統一的に管理することの重要なるは、千九百二十年一月一日より施行されたる都市計畫法の既に認むるところである。右の法律に依り日本の六大都市に夫れ夫れ都市計畫委員會が設立せられた。そして此の委員會の權限は當該市の存する都會地域全部に及ぶのである。

大東京地域に對する都市計畫東京地方委員會は、千九百二十年の秋、施行令に依り內務次官を委員長として之が設立を見た。委員に關しては、同施行令の規定に依り、東京市長、警視總監、東京府知事、市會議員十四名、府會議員三名、市吏員若干名、關係各省高等官若干名、學識經驗ある者十名及び特別事務の爲め臨時委員若干名が之に任命された。

東京地方委員會は主として審議機關である。其の有するところの經費は少額(千九百二十二―三年度は十八萬九千圓、千九百二十三―四年度は三十萬圓で其の職員も若干の專門家あるに過ぎない。而かも委員會の主な職分は立案にあるのではない。殆んど總ての原案は内務省之を作成し―事實上は關係各省の助力に依つて作成するのであるが―然る後此の原案を東京地方委員會に付して審議せしむるのである。該案は東京地方委員會の審議を經たる後、内務大臣に提出される。若し内務大臣右の案を採決し、内閣總理大臣の認可を受けたるときは、法律の規定に依り、市長其の他の關係行政廳は、當然該案を執行しなければならぬ。

内務大臣は、都市計畫に關する職責を行ふについて、特に都市計畫局なる機關を有つてゐる。

事實上は、都市計畫局が内務大臣の名に於て原案を作成し、之を地方委員會の審議に付するのである。内務大臣の内助機關としては、此の都市計畫局の外に、都市計畫中央委員會なるものがあつて、關係各省の高等官及び學識經驗ある者二十八名以下を以て之を組織してゐる。地方委員會に於て原案の審議を經たる後、其の重要なる案件については、内務大臣之を中央委員會の再審議に付するのである。

かるが故に、問題の重要點は、次の二事實に在る。第一、都市計畫東京地方委員會は決定を爲し、且つ右の決定を執行する爲め機關を設くるの權限ある強力な機關ではない。即ち都市計畫東京地方委員會は彼のカンザス・シチー公園委員會が、街路、並樹道及び公園系統を設定し、其の計畫を執行し、且つ受益財産所有者より工費の八割五分を徵收するの權限を與へられてあるのと稍趣を異にしてゐる。彼には是に於けるが如き廣大な權限はないのである。千九百七年以來米國の諸都市に設置されたる彼の無力なる都市計畫機關にさへ與へられてゐる權限も、東京地方委員會には與へられてゐないのである。何故なら、米國の都市計畫機關には少くとも自ら大計畫を發案して、荷刷の計畫圖を拵へる權限があるからである。東京地方委員會には、固有の發案權といふものがない。又獨立に調査を行ふに必要なる經費や、調査員を充分に有つてゐないのである。

第二には、計畫權と執行權とが各々別個の機關に賦與されてゐるといふことである。總ての事項を決定するのは內務大臣である。然るに都市計畫法に依れば、東京市については、東京市長は自分が作りもしない計畫を―自分の反對し又は拙いと思ふ計畫でも—執行するを要するのである。

何故斯かる法律が現在の形式を採つて通過するに至つたか、其の理由については敢て公表されたわけではないが、併し地方の事情と法律の條文とを調べて見ると、次の二つの事實が明らかになるやうに思はれる。第一は、下に述ぶるところの如く、東京市内に、權限の衝突する機關や施設が多いといふことである。例へば内閣各省は市内に於て重要な權限を振つてゐるし、又私營公益事業會社にして、上級官廳から多大の特權を與へられ、而かも何等市の拘束を受けないものもある。されば該法は各省の權利と機能とに關係ある都市計畫事業について、内閣關係各省の協調を圖つたものである。之と同時に立法者は、市に廣大なる公益事業監督權を賦與するの必要を避けた。是れ明らかに公私既得權の擁護であつて、憲法の條章を以て此の種の權利を保障し、之に反する立法を禁ぜる米國の如き國では、正に有理なやり方である。日本に於ても或は便宜かも知れないが、必要とは言へない。

第二に、之よりずつと重要なことは、都市計畫上の廣大な權限を市に與へることを、立法者が明らかに躊躇せる事實である。是れ立法者に於て市を信任せざるか、乃至は總て重要なる權限は之を中央政府の掌中に收めむとするに出づるのである。此の板挾みに遇つて、彼等は遂に虻蜂取らずに了つた。立法者には、都市計畫に必要なる總ての權限を、中央政府か、市か、何方かの一方に與へる度胸がないので、遂に其の權限を分割し、爲めに中央機關も、地方機關も、孰れも都市計畫なる大事業を荷つて立つの力なきに至らしめたのである。是れ、若し米國の實例にして何等かの指針となるものならば、千九百二十年の都市計畫法に多く望を嘱するのは間違ひだと言はざるを得ざる所以である。東京地方委員會は、大東京案の實現を促進するものではない。法律は權限と責任とを分割してしまつてゐる。委員會は執行機關ではない。**ナポレオン**の言へるところの如く、『參謀會議が戰爭をしたためしはない』のである。

併し乍ら茲に尙ほ二つの方法がある。之は其の性質こそ限られてゐるが、歐米では時として直接簡單に都會地を統御する方策に代るものとされてゐる。若し東京の財政權にして充分ならば、獨逸の進歩的都市の例に倣つて、市の境界外に大規模の間地を購買することもできないことはない。此の政策からは二つの重要な結果が生ずる。街路及び公園の設定を或る程度まで管理し得るといふことと、不動產價格の暴騰を防ぎ得るといふことが是れである。

も一つ之より穏健な解決法は、米國の立法例に據るもので、此の立法例はロビンソン著『都市計畫』二四七頁に載するところである。即ち、總て大都市地域内に新たに建築を起さむとする者は、都市の必要に照して作成したる街路及び公園計畫に準據すべき旨を、市に於て建築主に强制するの權限を有つといふのである。

併し乍ら此の種の便法は、明らかに偸安的にして、機宜に適したものではない。

要するに、帝都の地域を一行政廳下に統合するの點につき、歐米の事例より概括的結論を抽き出せば、次の如くなる。

第一、斯くの如き統合は、公私既得の利益を攪亂するが故を以て、其の執行困難なること。

第二、併し公共的精神に燃えたる市民と吏員との多年の努力を以てせば、統合も亦成就し得ること。

第三、包括的計畫に依る都會地發達の管理並に都市政廳の職分及び施設統一の問題につき唯一の有效なる解決法は、此の種の統合に在るものなること。

大東京の行政組織問題

大東京の統合避くべからずとせば、其の採るべき具體的方式と、新帝都の行政組織とが、最も重大なる問題となる。此の問題は、思慮深き市政學者の俄かに獨斷を下すに躊躇するところである。西洋の四大都市、卽ち倫敦、巴里、伯林及び紐育の行政組織を研究するに、其の政治の仕組と行政の制度とは、各都市間に顯著なる差異あるを見るのである。各都市は、孰れも舊地域と分區とが多少統合して成立せる合成體であるが皆各々特有の政治的及び行政的組織を有するものである。併し之を東京問題の觀點より見るに、其の意義は次の如き各都市の諸特徴に存する。

世界大都市の筆頭は倫敦である。而かも多年の調査と立法ありたるにも拘らず、倫敦は未だ其の統合問題を解決してゐない。嚴密に言へば大倫敦といふが如き實體は存しないのである。

第一に、世に所謂大倫敦なるものがあるが、之は單に首都警察區に過ぎないもので、人口約七百五十萬を包容してゐる。斯かる見地より觀るならば、大東京とは警視廳の管轄區域たる東京府全部を包括することになるのである。

第二に、行政上倫敦府なるものがあつて、之は人口約四百五十萬を包容してゐる。倫敦の此の部分は、倫敦府會の權限の下に、或る程度まで統合されてゐる。倫敦府會こそ事實上倫敦の主要中央機關を成するものであるが、併し全然府會の權限に屬せざる事項も澤山ある。

第三に、狹義に於ける倫敦は、(イ)面積一平方哩、平常人口約一萬四千を有する舊都市地及び(ロ)各々別々に市長と、市參事會と、市會議員とを有する小市二十八より成立してゐる。

第四に、獨立の中央機關が澤山群據してゐて、各々特有の職分を掌つてゐる。例へば首都養育院委員會、首都水道委員會の類である。

首都警視總監に屬するものを除くの外、大倫敦の行政には何等の統一がない。大倫敦の地域內には、多くの行政廳や機關が錯綜して、行政作用を行つてゐるのである。

斯くの如く權限と機關とが系統なき混亂狀態を示せる倫敦に對し、巴里は其の行政組織の集權制と官僚制とに於いて異常なる對照を示してゐる。歐洲三大都市の中で巴里の自治權は最小である。或は事實上全然自治なしといふも過言ではない。都市の警察事務は國家官吏たる警視總監の掌るところである。其の他の都市行政は**セエヌ**縣知事に委ねられてゐるが、之も亦國家の官吏である。尤も八十名の議員より成る市會があるが、其の權限は主として諮問に應ずるにある。法令や決議を通過することはできるけれども、之を執行することはできない。嚴密に言へば巴里には市長といふものはないので、市長の權限は警視總監と**セエヌ**縣知事との間に分割され、知事の方が市長なる稱號を受けてゐるのである。巴里は數區に分たれ、各區に區會と區吏員とがあるけれども、此等區の機關の權限は甚だ微弱である。

事實上に於て巴里は『佛蘭西共和國の被征服地』である。巴里は一度ならず革命の中心となつて、一度ならず其の意思を他の佛蘭西國民に强行したことがあるといふ歷史的理由の爲め、故意に國家權力の支配の下に置かるゝに至つたのである。今や佛蘭西が其の意志を巴里に强行することゝなつたのである。

統合と自治とに關する最近の最も目覺ましい實例は、千九百二十年四月二十七日の法律に依つて創設された大伯林である。伯林の制度については次の著しい諸特徵が東京の參考となる。

第一、舊伯林をも含む市區及び近郊區九十四が一大都市に統合され、獨立の行政警察區として**ブランデンブルグ**縣から分離した。

第二、此の統合地域全部に對し、二百三十五名の議員より成る市會が創設され、議員は普通選擧に依り十五區から選出される。

第三、市の行政は從來獨逸の行政上の慣行に從つて三十名以內より成る行政委員會が之を管掌し、其の中少くとも十二名は無給たるを要する。行政委員は市會之を選ぶ。

第四、大市長及び市長を置くの舊慣は之を保存する。換言せば、大伯林は官僚式都市行政組織を排して參事會組織を保存するものである。名義上都市の首長たる大市長は、行政組織の强力なる總指揮官にはあらずして、市會の選べる行政委員會の議長たるに過ぎない。

第五、各區の自治の爲めに、大伯林は之を數行政區に分つ(現在區數は二十である)。行政區の大部分は、市會議員を選出する選擧區と境域を同じうしてゐる。各行政區には區會があつて、之を組織する議員の一部は該區より選出せる市會議員、一部は特に選べる區會議員より成る。各行政區には又區吏員組織があつて、其の一部は行政委員會、一部は區が選任するのであるが、其の權限は嚴重に制限してある。伯林の行政は集權制であるが、併し此の集權的行政は、絶えず二十行政區の區會の審査と批判とを受けるのである。

技術的、專門的行政と民本的、監督的地方自治とを妥協せむとする努力は實に玆にある。此の實例は大都市の統合を研究する者の深き興味を以て注目するところであらう。

紐育市は更に別種の統合行政の例を示すものである。之は官僚式行政(參事會制の反對)と、民衆の監督權及び區の自治との結合を圖つたものである。紐育市行政の主たる特徴次の如し。

第一、一般投票に依つて市長を選擧し、之に廣大なる行政上の權限を與へ、警視總監及び行政各局全部の局長の任命罷免の權限をも兼備せしめる。

第二殆んど全部の行政事務を少數の各局の管理に集中し、各局長は市長之を任命する。

第三、會計檢査は一般投票に依りて選擧せられたる會計監督之をなし、之に審査監督につき廣い權限を與へる。

第四、見《みつ》積《もり》振《ふり》當《あて》局は、市吏員三名―市長、會計監督及び市會議長(全部一般投票に依り選擧さる)―及び區吏員五名―市を五大區に分ち其の各區長(全部各區內の一般投票に依り選擧さる)―を以て之を組織する。 但し見積振當局に於ては、票決權十六票の中、市長、會計監督及び市會議長に九票を與へて、中央幹部の優勢を保持してゐる。 此の見積振當局こそ、事實上市を支配するものにして、後に述ぶる通り市會から單に一定の監督を受くるのみである。

第五、市會は議員數六十五名にして、普通選擧に依り各區から選擧する。

第六、地方の自治を保つ爲め、市は之を五大區に分つ。 各區は各々區長を選出し、區長は上記の見積振當局の委員となると共に、一定の地方的行政事務、特に道路改良に關する事務につき其の首長となる。 斯く區長に行政上の職分を與ふるのは、行政能率の理由に因るものにあらずして、寧ろ古來の地方的感情を融和する爲めである。

以上四大都市行政の實例に依り、東京は其の統合事業の遂行に關する指針を得ることができる。上の四つの實例は、全然性質の相異る四つの形式を示してゐる。若し行政の成績、住民の物質的幸福及び財政上の經濟といふ見地からして、右の四都市の中何れかの一が明らかに最良であると言ひ放つ人ありとせば、そは實に大膽なる觀察者である。假令斯くの如き意見を吐くと雖も、其の優秀なる所以が、其の市の採れる或る特種の行政組織に基づくものであるか否かは、之を證明することと困難であらう。事實に於ては、市政學が現在より更に完成され、又右の四都市についての詳密なる比較研究が行はるゝにあらざれば、吾等は其の絕對的優秀については正鵠に近き判斷すら、之を與へるの基準も資料も持ち合せないのである。

然らば抑々こは何の教訓を東京市に垂るゝものであるか。之に解答を與へ得る者は、東京市の事情に精通せる人々に限る。併し次の諸事實は此の問題に關係があるやうに思はれる。最近二十五年間に於ける東京市政の傾向を顧みるに、東京市は府會と、小區と、無數の獨立機關とを以てする彼の倫敦の後を追ふものではない。又東京市は市參事會執政制と、單に名義上の行政權を有するに過ぎざる市長制とを以てする彼の伯林の後を追ふものでもない。将又東京市は一般市行政並に警察權を國の官吏に與へ、市を一の被征服地として取扱ふ彼の巴里の後を追ふものでもない。

事實に於て東京市は警察行政を除くの外、米國の大都市行政組織即ち市長市會對立制の方に向ひつゝある。自治制の初めに當り、東京市は獨逸の實績に倣はむとした。初期の東京市の市參事會は多くの點に於て獨逸の行政委員會に似たものであつた。即ち市參事會は市會の執行機關であつたのである。其の組織は市長、助役及び市會の選出せる市民十二名より成る。市長は獨逸の大市長と同樣に、參事會議長の職に在るに過ぎなかつた。行政組織は市參事會制で中央集權制ではなかつた。然るに多年の經驗に依つて、市參事會制なるものは、何處の都市に於ても、必ず相反目する構成分子の間の絶えざる紛爭や、避くべからざる澁滯浪費を作ふものなることが判明したのである。玆に於てか千九百十一年新市制の發布せらるゝや、市參事會制は全國を通じて廢止された。そして市參事會は市會の諮問委員會たる地位に墮されたのである。

斯くして市長は官僚組織の首長たる地位に置かれ、都市の行政組織について重大なる權限を與へられたのである。

斯くの如く東京市は、市長を名目上の首長たらしむる伯林と異るものである。又倫敦の如く、大都市の市長を置かず、多くの市長を置くものでもない。更に市長を中央政府の一機關となせる巴里とも異る。東京市には一個の市長があり、而かも市會之を選擧する。法律上市に與へられたる行政上の權限は、市長の掌中に集中されてゐる。東京市長は各局課長の任命罷免を行ふのみならず、行政上の能率を擧ぐる爲めには、局課の創設廢止をも行ふのである。

若し右の傾向にして健實なりとし、且つ將來米國の經驗に從ふものとすれば、大東京は概ね次の如き組織を有するに至るものと思はれる。

第一、市民の一般投票に依り、又は現在の如く市會の選擧に依る權限の强大なる市長。

第二、市長支配の下に行政事務を統一すること。

第三、大略六十の選擧區より選出せる六十名の議員より成る市會。

第四、區制は單に行政區として利用すること。換言せば、區は大した獨立行政權を有たぬこと。

第三章　東京市の權限と行政組織

都會地域全部に亙る完全なる管轄權の問題に次いて重要なのは、都市行政上適當なる權限と、此の權限を執行するに足る整備せる行政組織とである。此の點について、東京市を觀察して見やう。先づ次の二問を提示して問題の核心を捉へることゝする。『東京市には其の任務を果すに足る獨立の權限があるか。市内に於て行政作用を營める諸機關には、市の職分を果す爲め、計畫と執行との統一を期し得るやうな組織と聯絡とがあるか』。組織と職能とは常に密接に關聯せるものなるが如く、此の二つの問題も亦互に根本的關係を有するものなるが故に、之は共通問題の一部として考察すべきものである。

市の權限並に其の權限行使に對する上級官廳の管理

第一の問題については多く論究する要はない、解答は直ちに得られる。東京市の行政權は中央政府の創設に係るものである。多くの米國都市と異り、東京市は國家より後に出來たもので、自治の歴史的傳統も多くはない。一部の米國法律家が誤つて呼ぶところの『地方自治固有の權利』なるものは一つもない。東京市廳は嚴密なる意味に於ては單に市の地域内に在る諸行政機關の中の一に過ぎざるものにして、米國に於ては地方自治體に屬するを常とする根本的權限の多くを缺いてゐるのである。例へば東京市には消防、失火豫防、建築物取締、警察及び公安に關する數多の事項について、何等の權限がない。右の權限は後に述ぶるところの如く、國家の官吏たる警視總監に委ねられてゐる。東京市には都市の公益に關係ある事業會社に特許を與へ或は特許を管理するの權限がない。東京市には米國都市の有する如き獨立の課税權はない。卽ち一定の制限内に於ては自由に課税することができるやうにはなつてゐない。主として國税及び府税に對する附加税に頼るの他ないのである。

東京市は一定の負債限度内に於て自由の借入をなすことができない。市債は臨時市債を除くの外、大小を問はず、總て政府の許可を受くるを要する。されば上の第一問に對する解答は否定的でなければならぬ。東京市には其の責任を果すに足る獨立の權限がない。

市に與へられたる權限の範圍内に於ても、總て重要なる事項については、東京市は上級官廳の許可を經ずして之を處理することはできない。東京市は先づ、國家機關として政府の任命せる府知事の監督を受けてゐる。若し府知事にして市の行爲に許可を與へざる場合には、市は内務省に訴願するを要する。而かも右の訴願は府知事を經由するものにして、府知事は自己の意見を附して内務大臣に之を送達するのである。『市民の權利義務を規定する』市條例、卽ち案件中目星きものは、殆んど總て府知事及び内務大臣まで行かねばならぬ。若し市にして都市公益事業の所有權及び經營權を得むと欲するときは、主務大臣の許可を受けなければならぬ。市街電車料金の値上には、府知事、内務大臣、大藏大臣及び鐵道大臣の許可を要する。大藏大臣は、市債の發行、其の利率、電車料金、特別稅、水道使用料金及び制限外附加稅に關し、内務大臣と競立して之が監督權を有する。

市當局者の行爲に對し、之が許可を與ふるにも、或は之を却下するにも、上級官廳には何等時日の制限はない。何時まで審査してゐてもよいのである。市が水道使用者に課する使用料の値上を申請したとき、大藏大臣の許可を受けるのに約七個月を要したものである。東京市長が道路法の規定に基き、路面改良事業に對する受益者負擔金の徴收規程を内務大臣に提出したのは千九百二十一年八月三十日である。そして許可の指令があつたのは實に千九百二十二年九月八日のことである。此の種の實例は枚擧に遑がない。

かるが故に權限の點に關する結論は明白である。東京市には甚だ制限された行政權しかない、――其の數に於ても、其の範圍に於ても、米國都市に與へられたる權限よりもずつと制限されて居る。是れ東京市が市政事務經營の能率を擧ぐるに必要なる重要な權限の多くを缺げりとなす所以である。要するに市の權限は輿論に依り、又都市生活なる儼然たる事實に依つて、當然市の責任をなすところのものを果すに足りないのである。最後に市に與へられたる權限を執行するについても、東京市は其の都度府知事と政府との監督を受けるのである。

行政組織

次に來るものは行政組織の問題である。『市の地域内に存立せる諸行政機關には、市の職分を果す上につき、計畫及び執行の統一を期し得べき、組織と聯絡とがあるか』。此の問題の甚だ重要なることについては、今更縷說するの要はない。其の重要なることは、一例を示せば足りる。若し二三の獨立官廳が、各々路下に導管、樋其の他の埋設物を据え附けたり、又は之が障碍物を建設し得るといふやうなことで、どうして路面改良事業の立案、執行、經營がうまく行く筈があらう。市が新しい鋪道を造ると、直ちに公の機關や、私營の瓦斯會社が之を掘り返へすといふやうなことで、どうして無駄と不便とを避けることができやう。

從つて、市の地域內に於ける行政作用を聯結し、且つ管理權の統一を確立するの問題は、明らかに最も樞要なる問題の一である。紐育市政調査會は此の問題について既に十年以上の研究と、觀察と、調査とを遂げてゐる。

判斷の基準

實際都市行政と會社經營とについて、各方面の研究を遂げたる結果、紐育市政調査會は、或る特定の行政組織の能率に對して判斷を加ふるにつき、次の如き基準を編み出したのである。

都市事業には本質的にして避くべからざる統一性がある。相互の關係が全然獨立で、而かも事務の協力に適せざる多くの行政機關を創設して、此の統一性を破るときは、無駄と、重複と、無能(原註)とは避け難い。

(原註)　此の場合「有能、無能」なる語は、道徳的價値を含む曖昧なる意味に用ゐたものではない。玆に用ゐた意味は一定單位の結果を達するにつき、最小限の勞力と物資とを以てすることである。

市、行政部内の局課數は、其の市が全體として有する職分の數と、種類と規模とに依つて決定さるべきものである。

各局課は、事務の量にして之を許すならば、出來るだけ明確なる一個の職分又は一定種類の職分を有すべきである。

總て關係密なる職分は同一局課に集中すべく、又一局課內の分課又は係の數は、右局課所管職分の數と種類と規模とに依つて決定さるべきものである。

各局課長及び各係(又は分課)主任の權限は、其の課せられたる責任に應ずべきものである。

各職分に對する責任と、之を執行すべき權限とは、之を特定の吏員に委ぬべく、下僚の上職に對する責任の體系は、之を明確に定むべきものである。

各局課長は其の所轄下僚の執務振り及び業務成績に關する內報を得る爲め、別に特別の吏員又は機關を設くべきものである。

諸職分は之を截然と分界し去るを得ず、或る程度の重複は免れざるに依り、關係局課の密接なる聯絡を保つ爲めに、規定を設くることを要する。

各局課の作業を管掌する局課長とは獨立して、會計管理に任ずる者を置くべきてある。

市長又は全行政組織の首腦者は、各局課長を任命罷免し、法令の許す範圍內に於て各局課長の事務に指令を與ふるの權限を有すべきである。市長は直屬の調査員を置き、(一)各局課の事務の調査報告、(二)新式にして改善されたる作業方法の研究なる二職分を掌らしむべきてある。

右の標準に依つて判斷するとき、大東京の事務を執行すべき現行組織果して如何。

東京に關する事實の說述

此の問題に關する資料を總て本書に網羅することは不可能であるが、其の細目事項の性質をも例證するに足る根本的事實は、實に次の如きものである。

現東京市の地域內に於て、重要なる行政作用を掌る行政機關は、其の數少くとも七に上る。 市役所、府廳、警視總監、鐵道大臣、內務大臣、農商務大臣、文部大臣是れにして、尙ほ何れの國務大臣にても、市の地域內に何等かの營造物を建造せむと欲するときは是れ亦其の權限を有するが如くである。

最後に此の點については、市が十五の區に分たれ、各區獨立の行政組織と行政權とを有することも注意を要する。

帝都內に於て內閣各官省の執行する職分は、勿論特別の基礎に立つものであるから、之に關する論定には地方行政以外の考察を要するのである。 遞信大臣が道路其の他市に屬する間地を利用しなければならぬのは勿論のことであるが、此の場合遞信大臣は單に其の意思を市長に通告しさへすればよいので、必しも市の利害を考慮するを要しないのである。其の他の大臣も、市の利便や、美觀を損するやうな建築其の他の建設物を建造するのに、東京市の承認又は意見を徴することはない。例へば千九百二十二年の秋から翌年にかけて、海軍省は巨大な無線電信塔を建てたが、市には其の旨の通告すらなかつた。そして塔が高く半空に聳ゆるときまで、東京市長は其の工事のことは何等知らなかつたのである。停車場や、終點驛設備のやうなものでさへも、鐵道大臣は市の承認を求むることなしに建設する。特定の問題に關する内閣諸官省の措置の是非に對する批判は姑く措き、市の地域内に、四五の强力なる機關があつて、各々殆んど其の欲するがまゝに振舞へるやうなことで、果して計畫あり、經營宜しきを得たる都市が實現できやうか、此の疑問は當然起るべきものである。

二三の内閣官省は、市の地域内に於て直接に作業し得るに止まらず、私設會社に特許を與へて、之に市内に於ける營業を許すこともできる。東京市に於ける私設の瓦斯會社は、會社法の條項に依り、市の特許を受くることなくして設立されたものである。尤も瓦斯會社は市との契約に從つて、路下に敷設せる物體の目錄を市に提出するを要するのであるが、これさへ往々怠慢に流れる。東京市の街路に乘合自動車を走らせてゐる乗合自動車會社は、政府の官吏たる警視總監から其の特權を受けたものである。市内到る處に電柱を林立せしめてゐる電燈會社は、其の設立認可を帝國政府の遞信省から受けてゐるのである。

國家事務を直轄する中央政府機關より眼を轉じ、主として地方的性質の職責を扱ふ政府機關について觀るに、茲にも亦同樣に職分の混雜と行政組織の分裂との存するを觀るのである。

上述の如く、現在東京市の地域内に於て地方的性質の事務を行ふ機關は四つある。即ち市、警視總監、府及び十五區が是れである。尤も警視總監と府との行政作用を營む地域は、市以上に亙るものであるが、其の活動の主要部分は市内にあり、少くとも都會地域内にあるのである。

此等の諸機關を設置するに當りて、周到なる權能の限界は立つてゐたであらうか。關係密なる職分は、總て單一の機關に屬せしめてあるか。權限と責任との一致を計り得るやう事務の聯絡は圖つてあるか。此等の問題に對する解答は明々白々の事實であつて、實に左表に於て其の概要を示す通りである。本表は現行法に基き、上記の三機關に屬する總ての職分を細目に亙つて分析し、之を作成したものである。素より全部を網羅するものではないが、併し精細といふ點については、人を驚かすに足りる。左は三機關の各々につき其の職分の細目を表に作つた後、之を衛生及び公共保健といふやうな廣い部門に纏め、現任其の職分の屬する各機關の下に配列したものである。次の如し。

衛生

警視廳

用惡水路に關する取締

市場、工場、倉庫、病院等の構造設備取締

衛生部は全部を擧げて次の衛生事項を取扱ふ。上水及び下水、禽獸肉、牛乳、清涼飲料水、氷雪其の他飲食物取締、飲食器割烹具其の他の物品取締、理髮營業取締、牛乳搾取所、乳製品、凍氷及び清涼飲料水製造場、凍氷及び魚獸肉製品の貯藏、屑物營業取締、汚廢物取扱、藥種商及び製藥者、按摩、鍼灸術營業取締、入齒、齒拔、口中治療、柔道鍼灸術、接骨營業取締、產婆、看護婦、飲食物防腐劑、人工甘味質及び有害性著色料等の使用に關する取締、毒物劇物營業取締、墓地、埋火葬場及び埋火葬、工場法を適用せざる工場衛生、汚物掃除、消毒業取締、傳染病豫防及び檢疫、結核、トラホーム、花柳病其の他傳染性疾病の豫防、種痘、娼妓の健康診斷及び治療、痘苗及び血精類、傳染病院、隔離所、公私立病院、清潔方法施行、醫師、齒科醫師、藥劑師、獸醫、精神病者監護及び精神病院、巡查消防手の體格檢查及び診斷、變死傷者檢案、傷病者救護、屠畜賣肉及び牛乳の檢查、中毒の調查、死屍の解剖保存、保健衛生調查に關する事項、細菌檢查に關する事項、衛生統計に關する事項

東京府

生活改善に關する事項

實費診療に關する事項

幼兒保育、貧母保護に關する事項

保健衛生に關する事項

傳染病豫防に關する事項

衞生統計に關する事項
精神病者保護に關する事項
汚物掃除に關する事項
癩豫防に關する事項
醫師、齒科醫師、藥劑師及び產婆に關する事項
墓地に關する事項
施藥救療に關する事項
異常者救護に關する事項
行旅病人に關する事項
學校衞生に關する事項
獸斃に關する事項

東京市

衞生統計に關する事項
學校衞生に關する事項

衛生課は次の衛生事項を取扱ふ。文書及び統計、塵芥掃除、屎尿處分、塵芥取扱所其の他保健に關する事項傳染病豫防救治、種痘事務、トラホーム豫防、清潔方法、除鼠、衛生組合其の他衛生諸團體、傳染病院、隔離所、死體檢案、結核豫防、救急班並に應急治療、療養所、衛生試驗所、衛生思想の普及並に啓發、衛生上の視察宣傳、傳染病地の消毒

不具者、窮民及び不良者に對する救護

警視廳

刑の執行猶豫者及び假出獄者に關する監督

精神病者監護及び精神病院に關する取締

東京府

矯風事業に關する事項

貧兒救護に關する事項

白痴低能の保護に關する事項

聾者、唖者、盲者及び吃音者に關する事項
遺棄兒童救護に關する事項
免囚保護に關する事項
貧民宿泊所に關する事項
精神病者保護に關する事項
窮民救助に關する事項
扶養者なき老人の救護に關する事項
施藥救療に關する事項
異常者救護に關する事項
社會事業及び社會事業從事者後援に關する事項

東京市

社會局は社會事業の任に當り、次の事項を取扱ふ。授產事業、不具者、窮民及び不良者の保護監督、貧民の賑恤救濟、精神病者、養育院及び施療病院等に關する事項、貧民に社會事業を行ふ爲めの方面委員制、兒童保護、市營宿泊所、統計に關する事項

養育院・　養育院の經營、感化部、貧兒童の保護、收容窮民に對する施療

勞働者利益の助長と取締

警視廳

集會及び多衆運動、結社等殊に社會主義、勞働運動に關する取締

勞働爭議其の他勞働警察に關する事項

新聞紙、雜誌、出版物、著作物其の他の檢閲に關する事項

工場及び作業場に於ける勞働狀態並に職工徒弟及び勞働者に關する監督

東京府

人事相談に關する事項

矯風事業に關する事項

生活改善に關する事項

失業救濟並に職業紹介に關する事項

貧民宿泊所に關する事項

勞働者の救護に關する事項

工場勞働者及び其の他の從業者間に共濟組合の設立を獎勵すること

東京市

勞働統計の蒐集及び編纂に關する事項

職業並に勞働紹介に關する事項

失業の救濟及び防止に關する事項

社會狀態の調査及び報告の出版に關する事項

市營宿泊所に關する事項

市營住宅、住宅紹介其の他住宅供給に關する事項

上記の重複に加ふるに、右の三機關―警視總監、府、市―は孰れも次の諸事項に對し夫れ夫れ一定の權限を有するものであつて、而かも其の權限は時として明定してあるものもあるが、多くは漠然として概括的なものである。

金員の徵收、保管及び支出

市　場

質　屋
道路、橋梁及び運河
史蹟及び紀念物
府と市との間には、次の諸事項について特に權限の混雜がある。
敎　育
勸　業
失業者保護
道路及び橋梁
市　場
保　健
社會事業
現在東京市内の權限が全然分裂してゐるといふことの例證としては、道路に關する次の一例を以て充分であらう。一般に鋪裝及び路面修繕の義務は市に屬する。然るに警視廳は道路の使用に就て一般的監督をなし、又道路交通の取締をも行ふのてある。そして商人や、店舗や、工場や、建築主が街路及び歩道を塞ぐ場合、之を禁じ又は許可することができるのである。此の點に於て其の濫用の結果、遂に道路に於ける人間や車馬の通行に、妨害と危險を與ふることなきを保せぬ。又警視廳は乘合自動車線を許可して、街路に滿つる乘合自動車の爲めに、鋪道を傷め、交通を澁滯せしむることもできる。次に遞信大臣は、街路や歩道に「電柱其の他の障害物を建てることができる。此の權限の混亂に加ふるに、府は河川、運河及び河岸地に對して一定の權限を有する。加之之ではまだ足りないと見えて、新設の都市計畫東京地方委員會は市内及び市外に於ける道路の計畫及び改良に關して、更に一層廣汎なる權限を有するのである。

次に東京市自體の行政廳、卽ち東京市役所の組織について、詳細なる研究を試みやう。市の行政機關は、果して關係密なる職分を同一局課に統一し、行政事務を遂行するに當り、計畫と執行との統一を期し得るやうに組織されてゐるか。此の問題に關聯する根本事實は次の如し。

市役所には「課」と稱する性質のものが二十二ある(區役所を除く)。但し其の中四つは、其の掌る事業の性質上、特殊の格式と名稱とを有つてゐる。卽ち電氣局、道路局、社會局及び養育院が是れてある。

市役所内の普通の課、卽ち職制上一般部局に屬するものとなつてゐる課十八は、次の通りてある。

一、内記課
二、文書課
三、調査課
四、監査課
五、庶務課
六、經理課
七、會計課
八、學務課
九、社會教育課
一〇、商工課

一一、衞生課
一二、水道課
一三、水道擴張課
一四、下水課
一五、公園課
一六、河港課
一七、地理課
一八、建築課

上の各局課の管掌する事務を分析するに、大體に於て市の行政組織其のものは、明らかに、其の職分の能率を擧げ得るやう組織されてゐる。都市事業の量と、東京市の大さとを稽ふるも、二十二局課の規模は、決して其の數過大なりと言ふことはてきない。保安事務―警察及び消防―が警視總監に歸してゐることを顧れば、通常都市行政の分掌する重な職分は、總て各局課が之を代表してゐるといふことは、上の表に依つて明らかである。加ふるに市長は調査課内に市政に關する科學的調査を行ふに足る職員機關を有つてゐるのである。

素より此の行政組織は組織改正案として下に提案するところの二三の按配に依れば、一層完全になることは疑ない。併し本項の結論としては東京市の大體の行政組織は、上に概說せる健實なる經營原則に從つて組織されたるものと稱せざるを得ぬ。尙ほ時日の關係上、各課の事務の細目に涉る詳細の硏究は許されなかつた。

行政組織の描寫は、行政上中央局課の檢討を以て盡くるものではない。現在の東京市が十五區に分たれ、各區に小規模の市政と行政制度があることも亦注意を要する。各區には區長があるが、之は市長の任命に係り、普通市の吏員又は退職官吏中から之を採る。區長は其の年齡、經歷、勤續年數に依り、二千圓乃至五千圓の年俸を受けてゐるが、其の額は右の限度内に於て市長之を決定する。各區には又區會があつて、區會議員は二級制度の一般投票に依り之を選擧する。各區會の議員數は區に依つて異るも、東京市全體を通じて五百八十八名を算する。區會議員は會議毎に小額の手當の支給を受け、區の事務、主として小學校經營に關する事項を討議する爲めに年に七回乃至十回位の區會を開く。

區に配屬せる行政事務は次の四項目に歸する

（一）國に關するもの。　國稅徵收及出生、死亡、婚姻、徵兵適齡者關係の原簿の調製

（二）府に關するもの。　府稅の徵收

（三）市に關するもの。　市稅卽ち、國稅及び府稅附加稅の徵收、道路修繕、道路撒水、道路掃除、除雪及び塵芥汚物搬出、公衆衞生。　此等の義務を果す爲めに區長は多數の道路掃除人夫、車力、其の他の勞働者を雇傭する

（四）區に關するもの。　小事項殊に小學校舍の建築、煖房裝置及び其の維持管理、例へば區會は小學校小使の給料を定める

提案及び建言

權限及び組織に關して上に擧げたる原則を、東京市の行政及び市內に現存する行政組織に適用すれば、次の如き結論を生ずる。

一　市の權限、特に第四章及び第七章に掲ぐるところの如く、租稅、起債及び公益事業管理に關する權限を擴大すること。

二　市内に於て府制を廢止し、府の權限は一切之を東京市に移管すること。
三　警察機能を東京市に移管すること――少くとも犯罪豫防及び犯人逮捕に關せざるものは之を移管すること。
四　地方行政につき區の制度を廢止すること。現在區長の執行する職分は之を市に統一し、區は單なる事務執行及び監察の地區として之を存續せしむること。道路掃除、除雪及び汚物搬出は之を市の局課に委ね、市の直接指揮の下に、制規の常傭人夫をして之を行はしむること。
五　上記の權限移管並に下に提案する新職分の增加に依つて、職分を集合せしめ得たるときは、之を次の局課に配屬せしめ、各局課長は市長之を任命すること。
一、内記課（調査、檢査、都市計畫及び統計に關する市長直屬機關）
二、財務課（會計、豫算及び會計檢査の職分を結合す）
三、文書課
四、人事課（第六章參照）
五、購買課（第五章參照）

六、保安課（消防及び警察）
七、衛生課
八、土木課（道路改良及び修繕並に下水、公園及び公有地）
九、清潔課（道路掃除及び汚物處分）
一〇、水道課
一一、河港課
一二、建設課
一三、市場課
一四、商工課（職業紹介を含む）
一五、敎育課（新設市民敎育部を有する社會敎育課を包括す）
一六、社會課（必要に依り局とす。慈善、感化、救濟、宿泊所、貧民金融、養育院等を包括す）
一七、電氣局
一八、公益事業課（第一八章參照）

六　上に列擧せる各局課内には、分課又は係を設け、其の數は事務の性質及び量に應じて之を決すること。各分課又は係には責任ある係長を置くべし。斯くして市長より課長、係長を經て其の受持仕事に從事する最下の勞働者に至るまで、命令及び事務成績に關する直接の責任體系が設定される。

特定の事務につき、實際の責任を有する吏員は、其の事實に精通する者なるが故に、該吏員をして其の管掌する事務に關する一切の命令、書類、支拂命令書、其の他の文書に署名捺印せしむべし。特別の場合に限り係長之に署名捺印し、更に特別の場合に限り課長之に署名捺印すべきも、如何なる場合に於ても其の事實に精通し、之に責任を有せざる者は、之が署名捺印を要求さるゝことなし。

此の改革に依つて東京市に於ける繁文褥禮の大部分は除去さるゝであらう。現在に於ては、同一の文書に三十名の市吏員が署名捺印する如きは稀ではない。普通は十乃至二十の署名捺印を要するのである。爲めに事務執行の澁滯は際限なく、無駄も大きい。文書に掲げたる事實に精通せざる吏員、又は當該事實に直接の關係なき吏員の署名を求むる如きは全然愚てある。

七　上記の內記課は東京市長の純然たる祕書機關たること。卽ち絕えず檢査及び監査を行ひ、細目に涉つて市の事業の實際の成績を、科學的方法を以て硏究する獨立機關たるべきである。

現在市の高級吏員と市の細目事務に從事する下級雇員との間には非常な溝渠がある。此の溝渠は、一部は高級吏員を社會的上級なる敎育階級から採る日本の官僚制度に基くものであり、一部は官公吏に對して法律敎育を非常に重んずることに基くものである。而かも都市行政の事業事務は大部分法律に依つて得べからざる科學的、技術的、工業的、實業的熟練を要するのである。

市長の官房は、市の上級吏僚を飛び越して、直接市の下級雇員連と絕えず接觸を保つべきである。能率は下級の仕事の達成から始まる。そして手が汚れるのを懼るゝ人は、能率ある市政に對して責任を負ふべき資格を有たないのである。

第四章　都市財政の經營

凡そ大都市は大規模なる財政事務を計畫執行しなくてはならぬ。此の義務を果すに當つて、浪費者のする無鐵砲なやり方をすることもできれば、商事經營に行はるゝ最良の慣習を採ることもできる。而かも財政金融の方面に於ては、方法の良否については多く異論の生ずる餘地がないのである。

事實現時に於て都市は其の財政方針に幾分の確實を期せざるを得ざることになつてゐる。何故なれば、都市は金融市場に於て通常大口の借手の地位に在るものであるから、其の信用を保つ爲めには、少くとも現行商事慣習の最小限は之を採用するを要するからである。殊に都市の責任が增大し、其の債務が增加するに從つて然りである。

大體について言へば、都市の財政事務は、次の三大部門に歸する。

都市は經常費、資本支出及び確定費(例へば負債の利子の如き)に對して定期の支出を行ふを要する。此の支出の用途に依つて、都市の行政政策が具體化され、延いては都市の文化が反映するのである。又此等の支出を行ふ方法の如何に依つて、都市は其の實務的能力の有無を闡明するのである。

都市は其の支出に應ずるに足る丈けの收入を、大部分租稅に依つて擧げなければならぬ。而かも租稅を課するについては、市は市内の生産力に負擔を課し、爲めに物議の種たるべき經濟問題を誘致するのである。素より學者の意見は、市に一定限度の獨立課稅權を與へ、租稅負擔は主として不動産に置くべしとなすに傾いてゐるが、併し此の問題については、尙ほ意見の岐るゝところである。尤も形式上の手續、卽ち課稅徵收及び會計の方法については、基準たるべき技術的原則の大組織既に成立し、實驗を經てゐるのである。此等の點については實質上異論はない。

都市は其の事業、特に重要なる永久的改良事業について、大部分の資金を金融市場に於ける起債に依つて調達してゐる。斯くして負債は漸次增加して行くのである。此の方面については考察すべき重大問題が二つある。都市の信用卽ち其の負債力は、根本に於て、(イ)現在の負債額、(ロ)市の富力、(ハ)借入の目的及び(ニ)負債の償還條件に依るものである。收入を生ぜざる目的(例へば道路鋪裝)の爲めに生ずる市の純負債額は、新規事業につき借入を必要とする場合、其の起債能力の大部分を決定するものである。従つて都市の事務の中負債の處理ほど重要な部門はない。

上の三大項目に從つて、東京市の財政を簡單に考察する。

第一　歳出制度――豫算

先づ歳出方法より始めむか。都市の豫算制度は如何なる標準に依つて之を檢定すべきか。數年前紐育市政調査會は長く歐米に於ける豫算の實際を研究したる結果、公私團體の豫算制度の健實性を測定又は檢定すべき一定の原則を採用したのである。此等の原則は素より絶對に固定したものではなく、新らしい研究と實例とに照して隨時修正されて行くものではある。併し其の或るものは根本的である。之を東京市に適用すると次の如くである。

東京市には豫算制度があるか。即ち東京市は毎會計年度に先だち、歳出歳入に關する統一的豫算案を作成するか。答は明白である。東京市には豫算制度がある。

東京市が現在の如き市制を布くに至つた際、豫算調製及び會計決算に關し周到なる考察になる方法を採用したものである。此等の方法は多少の修正を經て、現在まで持續してゐる。

豫算は會計年度の開始前に之を調製するか。然り。會計年度は四月一日に始まる。歳出歳入案は遲くとも右の期日一個月前に於て市會の議決を經るを要する。實際に於ては、此の一個月といふ規則は必しも嚴守されてはゐないが、尠くとも豫算は會計年度開始期前には必ず之を調製する。

市には豫算の調製、檢覈、討議及び採擇に關する正規の日程があるか。然り。右の日程は毎年十月十五日前に於ける概算書の作成を以て始まる。普通此の手續は豫算採擇前年の八九月から初まるのである。

豫算は市會の委員會之を調製するか、或は市の行政執行部之をなすか。行政執行部之をなす。

概算書は市の事業を直接に擔當する吏員が之を作成するか。然り。東京市では概算書は各局課長に於て毎年十月十五日までに之を作成する。

各局課長の概算報告書に掲ぐる要綱の性質如何。

左表は各局課長が其の要求額を報告する場合に用ふる用箋の主要項目である。

	要求額	前年度	增減	説明				
				種別（即ち項の細目）	要求額	前年度	個數	單位
一、款（例へば市役所費の如き） 一、項（例へば給料、雑用費の如き）				市長給 助役給 主事、技師、視學給				

各局課の提出する概算書は、市行政部の一般事業計畫に從つて之を統一檢覈してゐるか。然り。

第一、各局課長の作成した概算書は、各局課の事務に對して一般的監督權を有する助役が之を檢閲する。斯くして概算書作成に際し一般政策問題が逸早く參酌さるゝことゝなるのである。

第二、概算書は十月十五日までに市の庶務課に之を送達する。各局課長は庶務課長に對し假概算書に於ける總ての增減について說明するを要する。

第三、庶務課長は各概算書を檢覈したる後、之を統一して、歲出計畫の必要に應ずべき歲入計畫を作成する。

第四、助役三名は假豫算につき數次の協議會を重ねる。助役は各局課長の意見を聽取し、且つ一般政策方針に基いて之が變更を提言する。各助役は夫々市の事業の特定部門につき一般監督權を分擔するものなるが故に、右の豫算會議は行政全部に亙るのである。

第五、假豫算は助役の審議を了へたる上、市長に之を提出し、檢覈、批判及び修正を受ける。

第六、十二月末又は翌年一月の第一週の間に、市長は市參事會に右の豫算を提出する。市參事會は市立法部の上院にして、市長、三助役及び市會の選擧する市會議員十二名より成る。市參事會の權限には制限がある。即ち豫算科目を削除又は增加し得ず、單に修正を提議し、且つ豫算の全般又は細目について意見を述べ得るに過ぎないのである。

第七、豫算は通常二月の第一週又は第二週に之を市會に提出し、以て市會に於て約三週間に亘り豫算を討議するを得せしむる。

市會に提出する豫算の性質如何。豫算は主として歳入豫定案を伴ふ一の歳出條例にして、之に前年度の比較數字を附したるものである。

豫算提出の際市長、助役及び各局課長は市會に出席して質問に答辯し、豫算案の說明辯護を行ふか。然り。

市會は市行政部が提出せる假豫算の款項につき增額を行ひ、且つ新款項を加へることができるか。市會は提出されたる假豫算の款項につき增額を行ふことはできるが、新款項を挿入することはできない。

最終採擇を經たる豫算の形式は如何。そは次の基本部分より成る。

(イ)次會計年度に對する市稅及び區に屬する市稅の表

(ロ)次會計年度に對する歳入歳出見積全部に對する統一的記述

(ハ)普通會計に屬する歳入の見積細目、卽ち收益事業(例へば水道)及び借入金より得べき歳入を除きたる使用料、手數料、租稅其の他の收入

(ニ)普通會計に屬する歳出の記述。二部に分る

(一) 經常費、卽ち給料、用品等の如き經常の費途に充つるもの

(二) 臨時費、卽ち資本支出及び多少永久的なる市の諸施設を增進すべき主なる修繕

豫算は職別なりや、局課別なりや。卽ち歳出は市行政部の局課別に依るか、或は一定の職分に對して行ふか。豫算は一部職別にして、一部局課別である。次の歳出科目表の示すところの如し。

一、市役所費

二、區役所費

三、會議費

四、吏員講習所費

五、敎員講習所費

六、實業學校費
七、實科高等女學校費
八、尋常小學校費
九、尋常夜學校費
一〇、各區小學校敎員諸費
一一、敎育諸費
一二、社會敎育費
一三、圖書館費
一四、體育研究所費
一五、道路橋梁費
一六、街路廣告費
一七、河川費
一八、下水道費
一九、汚物掃除費

二〇、傳染病豫防費
二一、消毒費
二二、駒込病院費
二三、療養所費
二四、衞生試驗費
二五、公園費
二六、墓地費
二七、史蹟名勝天然紀念物調査並保存費
二八、勸業費
二九、市場費
三〇、施療病院費
三一、職業紹介所費
三二、方面委員費(社會事業)
三三、勞働合宿所費

三四、託兒場費
三五、幼少年保護所費
三六、兒童遊園費
三七、產院費
三八、哺育院費
三九、住宅管理費
四〇、救助費
四一、財產費
四二、諸稅並負擔
四三、神社費
四四、公金取扱費
四五、特別給與金
四六、雜支出
四七、豫備費

上記四十七の款、件又は費途に對する各歳出は、其の種目を分析類別して、所要人件費及び使用物件費が確實に判るやうにしてあるか。

歳出は、(イ)經費の性質(卽ち經常費及び資本支出)(ロ)經費の目的(例へば人件及び物件の如き)に關して概括的な類別がしてある。此の類別は歳出條例の所要條件としては充分であるが、市の各局課に屬する事業計畫について、市長又は市會に適切な判斷材料を與へ得るやうな性質のものではない。

次に掲ぐる實例は千九百二十二―三年度駒込病院費の類別であるが、可なり之は適例である。

(一) 給料 (イ)院長給(ロ)主事、技師給(ハ)事務員、醫員、調藥員、看護婦長給(ニ)雇員給

(二) 雜給

報酬

手當

旅費

給仕小使給

雜使婦給
洗濯人給
消毒夫給
動物飼養人給
傭人料
舟車馬賃
請願巡査費
祭粢料

（三）需用費

備品
消耗品
印刷謄寫
通信費
藥餌費

動物並飼料
宿直賄費
患者賄費
被服費
瓦斯電氣料
(四) 諸費
火葬費
汚物處分費
廣告料
雜費
(五) 修繕費
尤も資本支出は總て『臨時費』の豫算に繰入れられてあることを想ひ合すれば、上の類別と雖も、可なり賞讃に値するものなるを見る。更に『一括』歳出とて、數十年の長き、多くの米國都市に於て普通行はるゝところとなり、今でも尚ほ二三の米國主要都市に殘存する制度に比すれば、こは其の論理と配列とに於て多大の進歩の跡を見るのである。例へば千九百十九年ニウ・ジアジイ州ニウワアク市の豫算には、十萬弗以上の一括歳出(市債償還費を含まず)が十一項もあつて、中六項は二十萬弗以上に上つてゐるのである。東京市の豫算類別は下に擧ぐる如き細目の批難は免れないが、併し根本的には健實なる一般原則に基づくものである。

豫算採擇後、其の豫算の執行につき行政管理の規定があるか。卽ち支出吏員が支出を行ふに當り、之を歳出條例の制限内に於てなさしむるやう周到なる管理が行はれてゐるか。此の質問には肯定的に解答を與ふべきてある。管理の職分は市會の協贊を經て市長の選任する收入役に與へてある。收入役室には上に列擧せる四十七款の各々につき、其の歳出を明らかにせる臺帳が備へ附けてあり、豫算各款に屬する借方は總て臺帳に記入してある。又貸方には、各款につき各局課の費消せる額が記入してあつて、特定費途の借方全部が盡きたる場合には、收入役が右の費目につき追加の支出の許可を拒む。但し緊急の必要ありと認めたるときは、市の一般豫備費の中から支出するのてある。此の管理の突合せは各局課内に於てもやつてゐる。

即ち各局課には豫算係がゐて、型の如く借方と貸方とを記入してゐるのである。因に此の豫算係は市の豫算に對し、各局課の概算書の作成をも行ふものなることを忘れてはならぬ。

出納監査についての規定はあるか。然り。市制第百四十一條には、市長は少くとも毎月市の出納狀態の監査を行ふべく、且つ毎年二回臨時監査を行ひ、之には市參事會員二名の立會を要する旨を規定してゐる。實際上此の職分は、後藤子爵の創設に係る市の監査課が之を行ふ。此の監査課は紐育市の會計檢査局と出納監査局との職分を併せたものである。更に市會は市制第四十五條に依り、一切の市の事務及び出納を檢査することを得る。そして市會は此の權能を行使するに當つては、特別の委員を通ずるのである。法律上、市長又は其の指名したる吏員が、市會の右の檢査に立會ふことを要する。

翌年度分豫算の歲入の部に繰越さるべき會計年度末に於ける不使用物品については、嚴密なる決算が行はれてゐるか。此の問題については正確な材料が得られなかつた。而して之は市の會計專門家に於て綿密なる研究を要する問題である。

會計年度中、歳出項目の變更及び流用を必要とするとき之を爲し得るの規定があるか。然り。市長は種目を變更することはできるが、款及び項はできない。

批判及び建言

米國に於ける歳出の實際を研究せる者は、上の質問及び解答を一瞥するとき、東京市の豫算制度を以て、一般原則上模範的なるものなりと稱するに躊躇しないであらう。之は原則上最高標準に適へるものである。其の骨子に於ては紐育市政調査會の設定せる殆んど總ての要件に合致してゐる。米國の都市の大部分にして若し日本の首都に多年行はれ來りし此の總ての原則と方法とが行はれてゐたら、自ら祝福して可なりてある。而かも此の制度は事實上日本の總ての都市の採るところてある（日本の都市の豫算制度の概要は、市制及び内務省令に依つて規定されてゐる）。併し乍ら素より東京市の制度にも、二三の點については批議の餘地はある。

一　第一の批難は、豫算調製の手續に、長時日を要することてある。概算書の作成は通常八九月の頃、卽ち概算書の關係する會計年度の開始に先だつ約七個月前に始まるのてある。此の慣習あるが爲に、概算書作成吏員は次年度に對する立案を餘りに早くやらねばならぬことになる。然るに概算書の作成期日が遠ざかれば遠ざかるほど、豫想に基く誤謬の危險は增すわけてある。從つて概算書の作成はできるだけ會計年度の開始日に近くなるまで着手すべきてはない。執務を周到にすれば東京市の豫算調製手續は、四個月以内の期間に短縮てきることは疑ない。特に若し出納手續の細項が完成すれば然りてある。

二 局課長が次年度要求額を報告する場合に用ふる概算書の形式は、細目についてて批評の餘地がある。此等の細目は上級吏員、特に市長が、各課の提案について適切なる判斷を下すに必要缺くべからざる正確な材料を提供しない。豫算調製の學問は一定の結果を達成する爲めに用ひらるる人件及び物件の單位を段々正確にして行くことに依つて進步ずるものである。從つて私は次の建言をなすものてある。

第一、概算書は一種に止めず二種を作るべきこと。即ち、一を『人件』他を『物件』となす。

第二、人件費概算書には次の諸項を記入すべきこと。

(一) 吏員及び雇員の種類、等級及び職名(第六章人事行政參照)

（二）次年度要求額

（イ）有給職員數

（ロ）俸給又は賃銀の率

（三）本年度歳出

（イ）有給職員數

（ロ）俸給又は賃銀の率

（四）一般及び細目の増減額。備考に說明を附す

（五）俸給又は賃銀を増額せし有給職員の氏名、右職員の最近增給月日、勤續年數

（六）局課長の要求額。主管助役及び市長のなせる增減及び其の理由

第三、物件費概算書（第五章參照）には次の諸項を記入すべきこと。

（一）種目（需用品食料、需用品燃料の如し）

（二）次年度要求額

（イ）單位數

（ロ）單位平均價格

（三）本年度歳出
（イ）單位數
（ロ）單位平均價格
（四）備考欄に說明さるべき增減額
（五）局課長の要求額。主管助役及び市長のなせる增減額

併し（一）種目の明細は、購買事務の發達（第五章參照）を俟つて始めて完成するものである。卽ち（イ）市行政部の使用する總ての物件の科學的分析、類別及び（ロ）各物件の費途に應じて其の等級、種類其の他に依り、標準仕樣書を設定することとてある。之が出來ればば一定の『種目』なるものが何を意味すかも可なり明確になり、同一名稱の種目は總て同一の事物を指すことゝなるのてある。

種目の增減について槪算書及び豫算中に說明を與ふべきことも亦重要てある。說明なしでは何等の意味をなさないからてある。例へば、物資購買價格の增加は、物價騰貴に基く場合もあれば、新事業着手に因るものもあり、作業能率擧らざる爲めなることもあるからてある。

上表第五項は各局課長を保護する爲めに挿入したものである。局課長は局課の所要に當面して居るから、其の課の入用を親しく知つてゐる筈である。若し其の概算書が上級吏員の變更を受けたときは、其の事實を明記しておいて、局課長に於て市長に對し、或は希望に依りては市會に對し、局課案を辯明し得るやうにしてやらなくてはならぬ。

三　市會に提出する豫算には豫定歳出及び其の理由について、もつと細目に渉る材料を具へなくてはならぬ。現在豫算は一定書式の概要表と、歳出條例とに、前年度との比較數字を添へて市會に提出してゐる。上記の細目の記載なき限り、市會は提出豫算の當否に關して誤たざる判斷を下すことはできない。從つて市會に提出する豫算には次の要素を含むべきことを玆に提案するものである。

(イ)歳出歳入の見積全部につき、前年度の比較數字を附したる概要記述。

(ロ)次年度歳出豫定の一括的記述。右は下記の原則に從つて類別し、上記の通り詳細の種目を附し、款項につき前會計年度との比較増減額の說明を附すること。

(ハ)最終採決を經たる右概算書に基き次年度の支出を認定する歳出條例。右條例は現在通り經常費と臨時費卽ち資本支出とに分つこと。

(ニ)認定歲出に應ずべき歲入條例。

『歲出豫定の一括的記述』の組立形式は、(イ)物資の購買、(ロ)人事行政及び(ハ)前二者に基く概算書の作成に關聯して、周到なる研究を要する題目である。豫算調製上此の段階については、紐育市政調査會は多年綿密なる研究を遂げ、之に含まるゝ諸問題と其の解決案とは、調査會の作成に係る公刊、非公刊の報告書に叮嚀に說述してある。

此の問題は極めて專門的で、都市の會計制度全部に密接な關係を有するものであるから、本書の如き概論中に之を悉く述べるわけにはゆかない。若し東京市に於て此の問題の分析的研究を行ふ場合には、紐育市政調査會の刊行物は有益な資料となるであらう。

四　上記四十七款の歲出配列については、特に考察を要する。右の豫算は局課別豫算でも職分別豫算でもない。卽ち歲出四十七件は、局課長に屬するものでもなければ、市行政部の行ふ主要職分四十七に對する出納でもない。換言すれば、各局課長が年度內に受くる額も判らないし、敎育、衞生、公共事業、社會事業の如き市の重要施設に費す額についても、完全な概念を得ることができないのである。例へば、第五款乃至第十四款は、教育上の費途に屬する市の教育費の總額を知らむと欲する市民或は市會議員は各款に眼を通して自分で合計を作らねばならぬ。他方に於て、若し市民にして或る局課長の職分及び支出如何を知らむと欲するとも、市の豫算からは何等の解答を求め得ないのである。

米國に於ける豫算制度研究者は、長く二學派に分れてゐた。一派は歲出の類別が市の數多の職分別に基くべきことを主張し、他派は市の局課別に從ふべしとなすのである。前者は曰く、市民は市行政部が如何なる事業を執行するか、其の事業の經費は如何といふことを知るを要すると。是れ一理あり。即ち一般市民は市行政部の各局課長が各々如何なる職分を掌るのか、知つてゐるものではないから、各局課の歲出如何の如き、一般市民には意味なきことであると論ずるのである。他方に於て局課別豫算を提唱するものは、各歲出は結局何れかの局課に歸し、之が出納は各局課の管掌するところであり、而かも局課長は其の事業計畫の作製と、之に振當てられた資金の使用とについて、責任を有つことを要するものであると主張するのである。

惟ふに此の古い論爭は、事實に於ては不必要である。是れ論者の頭に用語の混亂あるの事實に基くものである。論者は動もすれば豫算と歳出條例との間に存する區別を忘れ去るのである。歳出條例は單に豫算の一要素に過ぎない。然るに豫算自體は歳出案に記載を要せざる多くの材料を具備しなければならない。市行政部は如何なる事業を遂行しつゝあるか、其の各事業の經費如何を知ることが、市民にとつて有用なるは言を俟たない。此等の事業と、之に與へらるゝ後援こそ、公共團體の精神と、品位と、理想とを表象するものである。されば市の事業計畫に關する一般知識を與ふる爲め、過去及び該年度の歳出の職分別分析は直ちに豫算書中に包括し得るものである。

之に反して歳出條例自體は局課別でなくてはならぬ。即ち歳出の各款項は、市行政部の特定局課に對するものでなくてはならぬ。是れ記帳を簡便にし、局課長をして局課に許されたる經費の適當なる使用につき責任を負はしむる所以である。

歳出條例にして、若し局課別となつてゐれば、直ぐに之を收入役の原簿に記入し得て、經費を支出するの權能ある吏員の責任は容易に之を明かにし得るのである。紐育市政調査會は、ニウ・ジアジイ州ニウワァク市の調査に於て次の如く述べてゐる。『支出は一弗と雖も組織單位に對する支出となし、且つ歳出條例中に、其の支出に責任を有する局課長名が明示しあるにあらざれば、責任は混亂を免れない』。

併し乍ら茲に留意すべきは、市行政部の組織と、歳出條例各款項の種目別組織との間に、密接なる關係があることとてある。若し市政の組織にして適切ならむか、各主要職分(警察、消防、衛生等)は夫れ夫れ市行政部の各局課に配屬することゝなる。然るときは局課別組織が卽ち職分別組織となつて、歳出條例は款項卽ち局課別に依り之を分つも卽ち自ら職分別となるのである。斯くして此の問題は理想的解決を見るのである。
五　豫算の忠實なる執行を見むが爲めには、市の立法部にも、行政部にも雙方に、もつと完備した會計及び調査機關を設けなくてはならぬ。市會の決算委員と行政部の監査課とは、孰れも其の中に專門の會計士と調査員とを置かなくてはならぬ。
六　會計年度の決算報告を發表する際には、之に原豫算を附記して、(イ)該豫算に與へたる變更、(ロ)執行を怠れる豫算條項、(ハ)經費の不法又は不正なる使用の三項が明確に解るやうに之を配列しなければならぬ。

七　東京市の豫算手續を總覽するにあたり、吾等は紐育市の豫算手續の一特色をなせる一階梯が東京市には缺けてゐることを見るのである。卽ち歳出條例が市會を通過する前に、豫算案を公開評議會にかけること是れである。右の評議會が市政に關する知識の普及に有益なることについては、動もすれば誇張に陷り易いが、之が公衆の興味を喚起するに與つて力あることは疑ない。東京市には上述の如く市の事業に對する公衆の興味が缺けてゐる。從つて豫算案についての評議會は、其の興味を旺盛ならしむる一手段として之を推薦する。從つて私は左の提案をなす。

第一、市長が豫算案の檢閲を終へたるときは、直ちに豫算の說明書を公表し、其の重要なる增額と、次年度中に市の着手すべき新事業の性質とにつき、一般的知識を與ふべきこと。之は簡潔に新聞に掲載すべきてある。

第二、一定の期日を定めて、市長及び助役は市會議事堂に出席し、豫算案又は其の各款項につき、市民、市民機關、市會議員及び市吏員の發する反對意見を聽取して、之に答辯すべきこと。

八　上に述べたる事實及び批判は、主として東京市の豫算制度の原則に關するものである。豫算調製の實際を凡ゆる方面から徹底的に調査することは、本報告書の作成に充てられた短日月を以てしては、到底不可能であつた。併し或る二三の點について、其の實際を研究せるところに依れば、豫算調製の實際手續は、(尠くとも或る程度まで)まだ法律規定の豫期する如き高度の標準に達してをらぬことを示してゐる。

例へば毎年度市行政部は實際の必要額又は費消額よりも遙に多額の豫算を要求し、市會は之に協賛を與へてゐる。左の表は毎會計年度末に於ける未費消額の歳出總額に對する比率を示すものである。

會計年度	未費消歳出の百分比
一九一七—一八年	二三《パーセント》
一九一八—一九年	二八
一九一九—二〇年	三五
一九二〇—二一年	三二
一九二一—二二年	四一

此等の數字は市行政部と市會との處理宜しきを得ざるを示すものであるが、其の責何れに多きや、之を公平に決定するには尚ほ廣汎の調査を要する。兎に角市行政部が概算書作成につき不注意なるか、或は經費支出の目的たる事業の遂行につき、其の實が擧がらぬかの何れかであることは明らかである。之と同時に市會も豫算を議決するに際しては、前數年度の決算を承知してゐるのであるから、直ぐに前年度の殘額を確め未費消歲出の大部分につき、何の局課に責任があるかは判かる筈である。

此の慣行に關する、も一つの例證は道路改良費が之を提供してゐる。千九百二十一――二年及び千九百二十二――三年の兩會計年度に對し、千百十八萬二千圓の鋪裝工事費が議定されたが、右の期間內、實際に費消したのは約其の半額に過ぎない。東京道路評議會が此の事態に對する說明を求めたるに對し、市當局は其の不進捗の理由は三つあると言つた。卽ち(一)市吏員に異動絕えざりし爲め能率擧らざりしこと、(二)市場に於て材料の供給不充分なりしこと、(三)內閣各省、私設會社及び市に屬する地下埋設物の管理に統一なかりしこと是れである。併し若し市行政部が直營で鋪裝工事を行ふにつき、人事上の缺陷があるなら、有能な請負業者に保證附で工事を請負はすべきてある。若し鋪裝材料が該期間中に集まらなかつたといふならば、それは市の經理課に何か缺陷があつたのてある。市當局が自己辯護の爲めに指摘せる第三の事實に至つては、實際に使用し得る以上の歳出を要求せぬ前に既に熟く知つてゐた筈のことてある。之を要するに市當局者の辯明は當を得ないが、市會も亦全然責を免れることはてきない。何故ならば、市會が千九百二十二――三年度に對して巨額の支出を議決せるときには、既に前年度の支出に對する工事の成績を知つてゐた筈てあり、又知り得たものてあるからてある。之を以て東京市豫算の實際は、法律の理論に合致せずといふ結論に達せざるを得ない。此の非實務的經營法の責が市行政部と市會の何れにあるにせよ、迷惑をうけるのは納稅者てある。納稅者は毎年市の必要とし、又は實際使用する以上の金を市金庫に拂込ましめられてゐるのてある。此の事實は說明を俟つまでもなく、それ自體批難に値するものてある。速に一考を要する問題てある。

第二　租稅

東京市の租税に關し顯著なる事實は次の如し。

一　東京市には一般的な獨立課税權がない。一定の特別税が許されてゐる外、國税及び府税に課する附加税に賴らなければならないのである。

二　本會計年度租税收入總額見積二千百三十五萬四千八百三十四圓の中、其の殆んど全部、詳しく言へば千八百七萬三千八百三十四圓は、市内に於て賦課されたる國税及び府税に課する附加税より得たものである。殘額三百二十八萬一千圓が不動産賣買、建造物新築、官舍居住者、遊興等に課する特別税から得たものである。

三　土地は市の租税收入の約二十分の一を負擔するに過ぎぬ。會計年度千九百二十三年歲入見積額を表示する次の表に見る如し。

國税附加税

地租附加税	七三二、五五二圓
國税營業税附加税	五、一七〇、〇〇〇
所得税附加税	二、七三〇、〇〇〇
鑛業税附加税	一、〇〇〇

賣藥營業稅附加稅	一、五一〇[四]
取引所營業稅附加稅	六六、二五〇
府稅附加稅	
家屋稅附加稅	三、〇〇〇、一九八
府稅營業稅附加稅	一、〇三四、五五九
雜種稅附加稅（飲食店、諸車其の他）	二、七六二、〇二六
都市計畫特別稅（附加稅）	
地租割（國稅地租附加稅）	二九七、二〇〇
國稅營業稅附加稅	一、六五〇、〇〇〇
府稅營業稅附加稅	一九一、五八五
府稅雜種稅附加稅	四三六、九五四
特別稅（獨立市稅）	
不動產取得稅	九〇〇、〇〇〇
戶別割（官舍其の他に對するもの）	一五、〇〇〇

特別消費稅（藝娼妓の遊客に對するもの）　二、三六六、〇〇〇

總　計　二一、三五四、八三四

四　會計年度千九百二十二――三年に於ける東京市の不動産に對する租稅收入見積總額は地租と家屋稅を合算して四百二萬九千九百五十圓である。此の數字は不動産賣買及び建造物新築に課せらるゝ九十萬圓を除いたものである。

五　東京市には科學的又は衡平と稱すべき土地及び建造物評價がない。最近の土地評價なるものは千九百十年政府に於て地主の組織する委員會を通して評價せるものである。先づ東京市全面積二千三百九十六萬八千九十二坪（譯註）を有租地及び免租地に分つ。後者は政府、宮內省、東京市並に其の他免租團體及び個人の所有するところである。有租地、卽ち千三百七萬三千二百二十二坪（千九百二十一年）は之を七地目に分つ。宅地、田、畑、山林、原野、池沼及び雜地是れである。評價格次の如し。

（譯註）　此の坪數と一二頁揭出の東京市面積坪數との間に相異あるは各其の算定の基礎を異にするが爲めである。

地目	面積（坪）	評價格（圓）
宅地	一二、七一二、二三九	九五、二六九、一九一・五〇
田	五九、〇一五	八、七九四・二一
畑	九九、八二六	四、六一八・六〇
山林	五九、三三九	六〇〇・七三
原野	一一、三九七	一〇一・六〇
池沼	一二六、九〇六	二四三・二七
雜地	四五〇〇	三七・八四
總計	一三、〇七三、二二二	九五、二八三、五八七・七五

即ち、田、畑、山林、原野、池沼、雜地の部に入れる六地目は面積三十六萬九百八十三坪に亘り、價格一萬四千三百九十六圓二十五錢と評價されてゐるのである。斯くの如き特別扱を受くる地域の或ものは、實は紳士の庭園を含むものであつて、從て宅地の取扱を受けてゐる土地に比すれば、ほんの名ばかりの輕率て評價されてゐるに過ぎぬ。此の土地は市内に在つて實は大部分は宅地として使用し得るものであるから、千九

百十年の土地評價は假令不完全なものにせよ、既にそれ自身に於て、非常なる不公平――此の不公平は、更めて玆に論ずるまでもない――を含むものなることと明らかである。

有租地の評價格と、有租地の賃價格との關係は如何。時價を基礎とする土地の科學的評價が行はれてゐないから、見積に頼るより他仕方がない。然らば見積の材料として何があるか。第一、營業税は營業所の賃貸價格に關係があるから、營業所の賃貸價格については材料が澤山ある。次に不動産取得税なるものがあるから、實際賣買ありたる土地の登記價格を示す材料も澤山ある。千九百二十年東京市は平均賃貸價格坪當り一個月四十八錢五厘即ち一年坪當り五圓八十二錢と見積つた。此の數字は同年中の土地賣買全部即ち千三百七十七件について、分析的研究の結果得たものである。尤も此の賃貸價格は賣買登記價格に基くものである。

さて東京市の普通利率は一割であるから、之て右の地代を還元し、東京市の土地に適用して見ると次の結果を生ずる。

全面積	二三、九六八、〇九二坪	一、三九四、九四二、九五四・四〇圓

有租地　一三、〇七三、二二二坪　七六〇、八六一、五二〇圓四〇

次に賃貸價格を八分で還元して有租地に適用するときは、東京市內有租地の時價は九億五千百七萬六千九百圓五十錢といふ數字が出てくる。

日本の財政學者小林丑三郎教授は、東京市に於ける有租地の賣買價格を十八億八千八百七十四萬一千二百圓と見積つた。又不動產賣買の專門家は、坪當り平均價格二百圓と置いてゐる。控え目な數字を採つて坪百圓としても總額十三億七百三十二萬二千二百圓となつて、千三百七十七件の賣買から得た平均價格に基く見積の約二倍となるのでる。

不動產賣買の實際を見るに、土地は課稅評價格の五倍、十倍、果ては二十倍で賣買されてゐるのである。千九百二十二年度『東東市統計年表』(一〇五頁)に據れば、評價格坪十七圓四十一錢の地所が坪三百五十圓で賣買され、評價格坪一圓七十六錢の地所が坪六十二圓で賣買されてゐる。評價格より稍安い價格で賣買された土地は唯一件に過ぎぬ。而かも玆に注意を要するは、賣買價格として擧げてある數字は、課稅上納稅者の屆出た價格に過ぎざるを以て、事實上の價格と必らずしも同一ならざる

ことである。土地賣買の實際を見るに、東京市の有租地の時價は、孰れも其の評價格の五倍乃至五十倍に當るやうてある。兎に角土地評價について非常な不公平があることは否まれぬ。土地の地目別について不平公がある。又地目が宅地となつてゐる土地の價格についても、不公平があるのである。

東京市の有租地の上に在る有租建造物の價格に關しては入手し得る數字だけては不完全てある。一部の建物については營業稅表から可なり滿足な材料が採れる。營業稅は調査に依つて確めた賃貸價格との關係を示してゐる。尙ほ有租建物の一般的性質に基く家屋稅があるから、之からも多少の材料が採れる。此等の部分的な數字に基いて、東京市政調査會審事委員小林丑三郎博士は、東京市に於ける有租建造物の總價格を二十四億二千百三十七萬七千三百六十圓と見積つたのてある。

上記有租地の最低見積價格と建物の見積價格とを採るならば、次の結果を生ずる。

土地	九五一、〇七六、九〇〇圓
建物	二、四二一、三七七、三六〇
有租不動產總價格	三、三七二、四五四、二六〇

六　東京市の課税權は、市域內の土地の大部分が、政府、宮內省其の他公租團體及び個人の所有に係り、從つて市の課税權の目的とならぬといふ事實の爲めに、實質上の制限を受けてゐる。

七　路面改良事業費及び下水事業費は、從來國庫補助金、市債發行及び一般租税に依つて支辨してゐた。然るに千九百二十年四月一日より施行されたる道路法の規定に依つて、市長は內務大臣の許可を受けて路面改良事業費の一部を受益財產に課するを得ることゝなつたのである。千九百二十二年九月此の原則を東京市に適用する規程が施行された。そして本規程の下に千九百二十二――三年度中一定額を徵收するの手續を採つたのである。又千九百二十年一月一日より施行せられたる都市計畫法は、都市計畫事業の執行につき受益者負擔制を適用するの規定を設け、目下此の規定を一般的に實施する爲め手續中である。

八　世界の總ての重要都市と同樣に、東京市も一人當徵税額は着々と增加を示してゐる。左表は過去十年間に於ける市、區及び都市計畫事業に對する一人當税額を示すものである。

	円
一九一三年	二・四九六
一九一四年	二・二五三
一九一五年	二・〇九四
一九一六年	一・八二七
一九一七年	一・九四四
一九一八年	二・三四六
一九一九年	二・九七四
一九二〇年	三・九八九
一九二一年	六・七三九
一九二二年	九・二五四

九　然るに右の外將來に關する事實にして、特に考慮を要するものがある。東京市は現代都市の要求に應ぜむが爲に、向ふ十個年に亘つて、上水道、下水道、河川改良、軌道擴張等の事業の爲めに、新たに市債の發行を計畫し、其の額は三億五千四百九十二萬圓に上つた。右の內二億八十萬圓は既に許可を受け、殘額は豫定計畫に充てらる

いものである。此の總額三億五千四百九十二萬圓の中一億九千五百三十萬圓は上水道及び電氣事業に對するもので、それ自身元利を償却し得るものである。右の額を除算したる殘額一億五千九百六十二萬圓は、無收益事業費なるが故に、少くとも其の一部は何かの租稅に依つて償還しなくてはならぬ。此の資本債務の增加は市の年租稅負擔を更に重加することゝなるであらう。

一〇　東京市は日本の他の都市と同じく、其の經常費及び臨時費の歲出に應ずる爲めに、或る程度まで國庫補助金に依賴し、且つ將來も大に補助金に望を繫いでゐる。會計年度千九百二十二――三年に於て東京市は豫算中に三百二十萬九千九百三十七圓の補助金を計上してゐる。

補給金	二〇、一六一
實業敎育費補助	三〇〇
路面改良費補助	一、一〇一、〇五九
下水道改良費補助	一、四四五、八一七
療養所費補助	一一四、二二三

職業紹介所費補助　三三、三七七
水道事業費補助　四九五、〇〇〇

右の補助金は後述するところの如く、科學的原則に據るものにあらずして、帝國政府の所信と寛容なる動機とに基くものである。

東京市租税制度の主たる事實は實に斯くの如きものである。

然らば之が判斷の基準たるべきものは如何。租税の問題が兎角異論多きものなることは認めなくてはならぬが、併し日本でも米國でも次の諸點については、經濟學者の間に大體意見の一致を見るのである。

租税賦課については、租税と擔税能力との間に一定の關係あるべきこと。

地租、少くとも不動産税が、地方税制の基礎として最も重要なる要素たるべきこと。

且つ都市改良事業に因り特に利益を受くる土地は、其の受くる利益に應じて特別負擔金を支拂ふべきこと。

徴税困難にして、徴税費高く、脱税され易く、又收入小額なる租税は之を廢止すること。

地方税課税については、税制の單純、徴税の容易及び徴税費用を考慮すべきこと。

論評及び建言

上の基準第一を適用するについては二つの疑問が起る。卽ち東京市の一人當税額は、同性質の他の都市の税額に比して重いか輕いか。東京市の税額は擔税能力に比して重いか輕いか。

次表は右の第一問に對し米國の實例に基く解答である。之は會計年度千九百二十一―二年に於ける東京市の一人當税額（譯註）を、會計年度千九百十九年に於ける米國三大都市の一人當市收入（公益事業收入を除く）と比較したものである。

東京	四・六二弗
紐育	四三・二二
市俄古	三二・二八
費府	三三・〇六

（譯註）區に屬する市税を含まず。

素より財政學者が此の種の表をあまり重大視する筈はない。之は興味はあるが如何なる點に於ても斷定的なものではない。紐育の一人當稅額が東京市の約十倍に當るといふ事實は、東京市民は現在負擔額の十倍の負擔を荷ひ得るといふことには決してならない。上表は擔稅能力如何についての材料を闡明するものではない。擔稅能力比較の基礎として稍正確なるものは、東京全市民の總收入額を、上記各三大都市の全市民の總收入額と比較する統計表に依つて得られる。

然し右の比較統計表は今入手することはできない。何故ならば、所得稅に對しては免稅があり、且つ所得額報告の不完全なる爲め各四大都市市民の大部分の收入は記錄になつてゐないからである。

市民の收入額に次いて、擔稅力に關する最善の基準となるものは、有租不動產の市價である。然るに不幸にして、上記の如く、東京市の土地又は家屋については正確なる評價格がない。併し上記の不動產見積價格を、端數切捨三十三億七千萬圓と採り之に二分の平均年稅率を適用すれば、東京市の不動產稅を內輪に見積つても、六千七百四十萬圓といふ年收入があるわけである。從つて假令上の見積價格が高過ぎるとしても、東京市の稅額は決して過重ではなく、寧ろ擔稅力を基として、米國都市に比すれば非常に低いと推定するも不當ならずと思れる。勿論此結論は現在の形式に於ける現行税額が過重なりや否やの問題とは何等關係ない。唯有租不動産價格見積を東京市現在の負擔に對する社會全體の擔税力の基準として採つたものである。

若し上に掲げた四原則が妥當であり、而かも事實に於て多數の經濟學者が其の何れについても異論を挿むことなしとすれば、東京市の地方税制は峻烈なる批難を免れない。事實數多の卓越せる日本の學者から既に批難を蒙つてゐたのである。其の税制は記帳款目の數が多く又複雜なるが爲めに、行政上極めて錯雜し又面倒である。土地は上記の如く實際上都市事業に對する課税を免じ、而かも現在の評價は舊式にして凡ゆる點について不公平である。加ふるに實際上都市事業に對する課税を免れてゐる地主が舗裝下水道及び上水道擴張事業の如き都市改良事業から、莫大な不勞利得を得てゐるのである。斯くの如き狀態には、如何に峻烈なる批難を加ふるも足りない。現在の地租制度が繼續する限り、東京市の近代的事業の進歩は、重大なる阻碍を蒙るものと稱するも過言ではない。

最後に、市收入中纏つた最大費目は、營業税、卽ち物品販賣業者又は各種の營業に從事するものに對する租税である。是れ企業及び消費に對する課税にして、明らかに不公平である。特に都市事業の爲め重課を受けざる地主が、都市改良事業より多大の利得を受くることを想合すれば、實に然るものである。

上の資料と原則とに基き、茲に次の提案をなすものである。

一 紐育及びクリーヴランドの如き最も進歩的な都市で發達した制度に倣ひ、東京市の土地及び家屋に對し新たなる評價を行ふべきである。右は土地を其の上の建物から分離して評價することと、並に市場の時價に從つて充分なる地價評價を行ふの制度である。此の評價を有效に施行する爲めには、正確なる區劃地所圖を作成し、東京市内全部の地所につき、其の場所、面積、形狀及び價格を明らかにしなければならぬ。之と同時に街路と家屋の位置に一々命名する如き、舊式な方法を捨てゝ、街路名と家屋番地とを連續的にする近代法を採るべきである。

二 東京市歳入の主要税目は、不動産に對する單純なる直接税――評價額に依り土地及び家屋に課するもの――でなくてはならぬ。此の税は其の性質が單純である。又比較的課税も徴税も容易である。數知れぬ小勘定科目を設ける必要はない。

而かも土地と家屋は誰にも見えるものであるから、脱税の虞はない。人は誰も土地の上に、家屋の內で生活し、或は工場、商店で勞働營業をなすものであるから、結局市內總ての人に歸着することになる。又何人も、其の住宅を所有すると、賃借するとを問はず、富めるも、貧しきも皆市の經費に幾何かを寄與するを免れなくなるのである。

或は單なる不動產稅を補ふに、土地の不勞增價稅を以てするも、必らずしも實行し難いものではないが、此の稅は地價と其の增加額とを決定する爲めに非常の行政手段を必要とする。又實業界の不況時代には稅源として不確實であるから、英國では主要稅源としては豫期に反するといふことになつてゐる。之が徵稅に試みられたる方法は、有名なる英國經濟學者**ジエー・エー・ホブソン**氏の如き好意ある批評家でさへ、『拙劣、不經濟、不滿足』なりとの銘をうつたものである。兎に角若し東京が此の稅を採るにしても、地價の科學的評價と、單なる不動產稅賦課とに經驗を積むでから行ふべきものであつて、其の以前にやるべきものではない。

三　直接利益を受くる財產に對する特別賦課の原則は、之を擴張して、下水道、地下鐵道及び隣接財產の所有者に利益を與ふべき總ての都市改良事業に及ぼすべきである。

四　超過收用の權限は之を市當局に與ふべきてある。現在の公用土地の收用方法は之を仔細に調査して、歐米最善の慣習に照して改善しなくてはならぬ。

五　賣藥稅、鑛業稅及び營業稅は、地方稅としては之を廢止すべきてある。若し上述の不動產稅を以て都市事業の爲めに充分なる收入を擧げ難きときは、國稅所得稅附加稅を以て之を補ふべきてある。

六　自動車、特に貨物自動車に對する課稅は、市內の交通上一層經濟的なる方法を發達せしむる爲めに、大いに輕減すべきてある。

七　劇場、飲食店等(不動產としては別)に對する租稅は、全然之を廢止するか、或は之を衞生保安上、右の場所に公の監督を行ふ目的の爲めに課する特許料の地位に引下ぐべきてある。尙ほ法律上、娼婦に鑑札を與へ、之に課稅することを公認してゐる處は、アングロ・サクソンの何處の國にもないといふ事實を、今更力說する必要はない。更に娼婦に鑑札を與へ、之に課稅するの習慣が、日本人に好意を有し之を讃美する英米人士の間でさへも、日本に峻嚴なる批難の的となつてゐるといふことは茲に附言するまでのことはない。

上に建言せる税制は、たいに東京市の租税體系を單純化するてあらう。以て無數の小租税勘定科目を除去するてあらう。又徴税吏の非常な收縮も可能となるてあらう。市の富の主要原素たる商工業も重荷をおろすてあらう。そして現代都市としての東京市に確實にして豐富なる歳入を與へるてあらう。

そは又地方と中央との財源を分離するの方針に進む結果を生ずるものてある。此のことは、特に力說主張すべき程のこととてはないが、望ましきこととてある。米國の或る州ては此の分離の傾向が顯著に表れてゐる。そして此の分離を行つてゐる州ては、州は、其の收入を會社、相續、其の他の租税源に求め、地方自治體には、地方財源として土地及び家屋に課税することを許してゐるのてある。多年此の分離は多くの租税專門家の理想として提唱するところてあつたが、近時所謂州と地方との課税分離なるものは、あまり强調されなくなつた。併し不動產を地方税の基礎とするに賛する說は尙ほ有力てある。何故ならば市内の不動產價格は、市の商工業の活動、從つて上水道、下水道、道路其の他の改良事業に對する地方の必要に密接の關係を有するものである。

八　最後に國庫補助金の問題は特に考慮を要する。惟ふに國家財政中、地方事業に對する國庫補助の公正を期するほど至難の業はない。地方事業に對し國庫より支出すべき金額の總計を決定するに、如何なる標準を採るべきか。右決定總額を都市改良事業と農村改良事業との間に分配するにはどうしたらいゝか。更に地方別――市、町、村――に分配するにはどうしたらいゝか。

米國の政界に於ても此の問題は極めて煩さい問題であつた。中央政府は長らく地方河川港灣の修築及び主要都市に於ける聯邦郵便局其の他の公共建築物を建設するのが例となつてゐた。此等の事業は中央政府之を執行し、國庫より之を支拂つた。併し其の結果は多くの場合悲しむべきものであつた。議會の議員は自已の選出區に對する支出を得る爲めに、日も尚ほ足らざるものがあつた。彼等は同様の利害を有する他の議員と結托し、斯くして國家の利益を地方の野望の犧牲としたのである。斯くして金錢の爭奪戰と、國庫への殺到とが始まつた。代議政治は邪路に陷つた。代議士は寧ろ選出區の手先と、なつて、自己の選出地の爲めに、國庫からできる丈けの金を摑み出すことに熱中するに至つた。從つて最も成功せる代議士とは、廣く國事を憂ふるの士にあらずして、國庫から最も多くの金を奪い去る精力家の義となつたのである。玆に於てか、米國では地方改良費の輕卒なる支出に對する反對の聲が喧しくなつた。併し此の弊害は斯かる反抗の叫の結果として減少したとは言へない。

今や國家財政に經驗ある人々は、地方改良費に對する國家支出について、一定の原則を作り出さうと苦心してゐる。例へば千九百十七年、中央政府に於て教育補助金の直接支出を始めたとき、其の金額は略人口に基いて各州に分配するを要すること右の補助金は特定の費途に供するを要すること、各州に於て一定標準の教育事業を維持するを要すること、及び同一費途の爲めに中央政府よりの配分額と同額の支出をなすを要することを規定したのである。國家が道路工事につき、各州に補助を與へた場合にも亦同樣の原則が適用されたのである。

併し之に關聯して一言すべきは、米國の首府華盛頓市が、中央政府に對し極めて特殊の關係に在ることである。第一に華盛頓は中央政府の創設に係る都市である。

國家經營の下に計畫せられたもので、現在では合衆國議會と大統領の任命に係る三名の委員とが之と治めてゐるのである。同市の經費は一部議會の與ふる歳出を以て充してゐる。千八百七十八年の法律に依り、合衆國政府は市の主要經費の半額を負擔することゝなり、實際に於ては議會の支出額は普通市の全歳出の約七分の三に上つてゐるのである。例へば千九百十九年市の歳入總額は千九百四十一萬五百八十九弗で、右の內議會の交付金は八百一萬一千三百四十弗、卽ち總額の四十一パーセント三であつた。右の交付金の大部分卽ち三百四十九萬一千三百四十弗は特に敎育事業に指定せるもので、殘額が一般費目に充てられたのである。議會交付金及び一般租稅の外に華盛頓市は、地方改良事業に因り利益を受くる財產から徵收する特別賦課からも、一定の收入を擧げてゐる。

大體について言へば、合衆國の市町村は、國庫の直接補助なしに其の地方改良費及び行政費を支辨するを要するのである。而かも時として州議會は地方團體に對し、道路建造其の他の目的の爲め、補助として資金を支出することがある。尤も右の補助金は敎育費を除くの外、比較的小額である。例へば千九百十九年に人口三萬以上の都市全部を合せて(齊府華盛頓を除く)各州議會より受けたる教育費以外の補助金は、二百萬弗以下であつた。加之地方團體が州議會より下付金を受くる場合、之は無差別に決定されたものではなくて、一定の原則に據るものである。例へば教育費州補助金は各地方人口に基き、之を各都市各郡に分配する場合もある。斯くして州政府が地方團體に偏頗な取扱をすることは不可能となつてゐる。總て數學の公式に據つて公平に扱ふことになつてゐるから、市郡の間に爭闘紛議は起り得ない。市長や郡吏員が、州政府に特別の補助を運動しても駄目である。何故ならば、各地方團體の州金庫より受くる金額は、州當局の任意に決定するところではないからである。

次に少數の例ではあるが、各地方團體の納入する或る特定租税の金額を基礎として、地方團體に對し州金庫から資金を交付することがある。例へば紐育州に於ては州所得税を州官吏が賦課徴收する。租税が徴收されたる後、各地方の徴收額に基いて、州から地方團體金庫に一定率を交付するのである。此の方法に於ても亦依估贔負は行はれない。何故ならば、各地方の受くる額は州官吏又は州議會の決定するところにあらずして、地方民が州金庫に納入する金額に依つて決定されるからである。

一般に國庫及び州金庫より地方事業に對して不定限の補助金を下付した結果は極めて面白くなかつた。できるならば此の慣習は避くべきものである。之が必要なる場合には(必要なことも屢々ある。特に首都に於て然り)右の補助金の配分を決定する爲めに一定の確定原則を樹てなくてはならぬ。此の原則は一般規定の形式て之を決定し、確定方案に從つて各地方公平に之を適用すべきものである。例へば道路補助金を地方に交付する場合、各受益地方は同一目的の爲めに補助金と同額又はそれ以上の支出をなすといふ條件の下に、總金額を各地方團體に分配すべしといふが如き規定を設くるも宜しい。

勿論東京の如き一國の首都たる場合には例外がある。大國家は其の偉力と莊麗とが首都に反映せむことを望むは當然であり、從つて首都の改良事業に特別の補助金を交付することもあり、又事實交付して居るものである。併し此の場合に於ても適用し得べき一定の原則があるのである。二三の實例が之を例證する。

第一に、中央政府は時に他の都市に有する場合もあるが、首都には常に廣大なる土地と建物とを有するものである。若し街路の鋪装、水道管の敷設、其の他の地方改良事業を實行したる場合には、中央政府をして、他の市民と同一の原則に從ふ分擔額全部を支拂しめて差支へない。例へば、若し沿道の財產所有者は、間口、面積又は價格に應じて分擔額を支拂ふべしとの規定ある場合、中央政府を私人地主と同樣に取扱つてもよいわけてある。此の規則の公正なることについては、何人にも異論あるべき筈はない。若し此の法則を公平に東京市に適用するならば、國庫補助金は多額に上るし、其の額も確定原則に從つて自動的に支出さるゝのである。

第二に、新街路を設定し、之が國家の建物に特に便宜を供する爲めに、私有地の中を通る場合には、國家に於て右の街路費全部を支拂ふべしと規定することもできる。

第三に、首都としての目的に適はしめむが爲めに普通以上の廣い新道路を作る場合には、街路の普通の廣さに對して特別賦課金を分擔する外、國家的目的の爲めに必要となりし追加幅員の經費は、全部之を支拂ふを以て原則とすることもできる。

第四に、現在の街路を鋪裝する場合、國家は上記の特別賦課金並に首都としての要求に基く超過幅員の工費全部を支拂ふべきことも、直ちに首肯し得るところである。

首都に對して適用さるべき上記の原則の外に、首都は又他の都市と同一條件に基き、地方改良事業に對する一般補助金の利益に均霑すべきものである。一般航行上及び國防上有益なる河川港灣の場合については、勿論一般原則を適用することは不可能である。

第三　市債借入金政策

米國の都市財政專門家が、都市の市債借入金政策を檢討するに當り、第一の質問はかうである。負債目的の制限及び市の發行し得る公債額如何。舊時米國は經常費の支拂や、數年しか保たない物資の購買の爲めに屢々長期市債を發行したものである。時に經常費に應ずる爲め短期市債を發行し、後之を長期市債に振替へることもあつた。都市は其の結果などには無頓着に、受益財產所有者に賦課すべき筈の改良事業費を支拚する爲め莫大の負債を起して、爲めに將來の市民に負ひきれぬ重荷を殘し、新債務の負擔力を弱めるといふやうなことも屢々あつた。從つて米國に於ては市の起し得る負債目的と負債額とに嚴密なる制限を設くるの習慣が起つたのである。

上記の質問については、東京並に日本全都市の借入金政策は堅實であるといふことができる。都市は決定濟の正規歳出にして資金未だ調達し得ざるものに對して、短期證券を發行することはできるが、右の證券は右發行年度内に之を償還しなければならぬ。右の證券を長期負債に振替へ、以て經常費の支拂を將來市民の負擔に移すが如きことはできないのである。

長期市債に至つては、法律に依り起債目的が嚴重に制限されてゐる。市の發行し得る長期公債は、次の三目的に限る。㈠舊債償還の爲め、㈡永久的事業費に當てる爲め、㈢震火災洪水の如き事變に應ずる場合是れてある。即ち、明らかに東京市は經常費の支拂や、長く保たぬ物資及び事業の經理の爲めに、無暗に資金の借入はできないのである。

東京市の借入るべき負債額には制限があるか。現在米國に於ける普通の習慣として、都市は其の方法と目的との如何を問はず、土地臺帳に表はれたる不動産評價格の一定率以上に當る額の負債をなし得ずとなつてゐる。尤も右の規則の例外として、船渠又は上水道の如き純收益を擧ぐべき公の事業に投じた金額は、總て正常負債から除算することゝしてゐる場合もある。

東京市は斯かる制限を受けてゐない。其の負債額も市制で決定されてはゐない。併し市債は(經常費支辨の短期證券を除き)大藏大臣及び內務大臣の認可なしには募ることができぬ。其の手續は次の如し。新たに長期市債を起さむとするときは、市長は其の金額、目的、利率、發行方法及び償還條件を附して、右案を市會に提出する。如何なる場合にも市會の協贊を必要とする。之と同時に此の起債計畫は、其の金額及び目的について、內務省及び大藏省の嚴密なる審査を受ける。實際上市債の發行は、政府の國家政策及び外交政策に依つて全然支配されてゐるのである。市債は決して國債との競爭を許されぬ。多額の外債が許され或は要求されるのは、外交政策の遂行上又は爲替相場及び通貨に關聯する場合に限る。日本政府が既に巨額の國債を負擔せることを想へば、日本の都市が急速又は無思慮に其の負債を增加することを許されやうとは思はれない。寧ろ市債は國債に壓迫されて、地方改良事業費の調達が、ともすれば局限され勝ちである。故に許されたる起債額及び起債目的についても、東京市の財政政策は極めて保守的であり、又將來に於ても保守的たらむとしてゐるのである。

熱心なる都市改良論者は、現在市の起債に課しつゝある政府の苛酷なる制限に反抗せむとするのである。純然たる都市的見地よりすれば、一定制限内に於ては、上級行政官廳の認可を要せずして、都市に自由の起債を許せる米國の慣例を推奨する理由は慥かにある。之は地方の自發力に刺戟を與ふるの故を以て、やがては日本でも最上の政策であるといふことになるであらう。恐らく金融市場の狀況に通じてゐる銀行家の判斷の方が、政府官吏の判斷より優れてゐるであらうが、併し斯かる提案は今のところ學理上に止まる。多額の起債に依つて大規模の都市改良事業を起さむにも、日本の都市にはまだ自治がない。彼等は上級官廳の嚴重な取締を受けてゐるのである。中央政府自ら殆んど絶えず金融市場に公債を仰いでゐるのであるから、都市の如き由々敷き競爭者を立たしめるやうなことは萬々あるまいと思はれる。

東京市は負債に關し堅實な財政狀態に在るか。此の問題に解答せむとする論者の或る者は、比較法を用ゐて、市の負債總額一人當りと、外國の同様都市の負債總額一人當りとを比較するのである。此の方法を東京市に適用して、之を米國主要都市と比較すると、次の結果を生ずる。

東京	(一九二二年)	八〇・二五圓
紐育	(一九二一年)	六〇二・八六
市俄古	(一九二一年)	一一一・五六
ボストン	(一九二一年)	三三一・九六
費府	(一九二一年)	二一八・七二

斯かる比較表は興味はあるが、断定的なものではない。單に紐育市がさうだからといふ理由で、直ちに東京市が一人當り六百二圓八十六錢の負債額を負ひ得るといふことにはならぬ。加ふるに斯かる比較數字として負債總額を用ふるのは人を過つものである。何故なら各都市の負債の一部は收益事業より生ずる收入を引當としたもので、何等納税者の負債をなすものではないからである。例へば千九百十九年人口三萬以上の米國都市全部につき、其の未償還市債總額の中、三十パーセント二は公益事業(收益事業)費、六十九パーセント八が非收益事業費であつた。

若し東京市の負債總額(千九百二十二年)と、之と略同級の米國都市たる費府(千九百十九年)とを比較すれば、次の結果を生ずる。

東京	一七四、三〇七、一三二圓
費府	三六四、六七〇、九二二

然るに無收入都市事業に對して、市の發行せる未償還市債のみを採るときは、次の結果に達する。

東京	二六、二八一、七七二圓
費府	二七〇、八八三、九六六

更に人口三萬以上の米國都市の市債負債の約七十**パーセント**が無收入投資なるに對して、東京市の無收入事業負債は約十**パーセント**五に過ぎない。正確なる數字を示せば次の如くである。

東京市負債總額(一九二二年)	一七四、三〇七、一三二・四〇圓
收益事業に對する負債總額	一四八、〇二五、三六〇・四〇
差引(租税に依り支拂はるべきもの)	二六、二八一、七七二・〇〇

此の無收入事業負債總額は、市内の有租富力卽ち市民の擔税能力に對し如何なる

關係に在るか。此の問題は上記租税問題(一〇三頁)と同様に、數學的様式にて正確に解答を與ふることは出來ない、併し、若し上記の東京市内有租不動産現實價格の中最低見積高卽ち三十三億七千二百四十五萬四千二百六十圓を採り、之に紐育主義卽ち一割を適用して、之を市の起債力と決定するならば、東京の『負債限度』は三億三千七百二十四萬五千四百二十六圓となるのである。

若し極度に手控へして此の見積高を半減しても、負債限度は尙ほ約一億六千九百萬圓となる。更に紐育流に此の負債限度から、無收入事業負債以外のもの全部を控除するときは、東京市については次の數字が出てくる。

負債限度	一六九、〇〇〇、〇〇〇圓
純負債額	二六、二八一、七七二
差引起債力	一四二、七一八、二二八

斯くの如く極めて手控へした標準に依つて測定しても、東京市の無收入事業に對する起債能力(支拂能力に對して)は約一億圓乃至二億圓見當となるのである。

各市債の償還期日又は期日前に、之を償還する充分な準備があるか。右については、例へば紐育に於けるが如き、劃一的慣例の國法に規定されたるものはないけれども、事實上各市債に其の償還方法が定めてあつて、市債條件中に書入れてある。普通には毎年償還すべき市債額は、抽籤に依るか、然らざれば市場で購入する。之まで償還した市債は總て購入したか、或は滿期に支拂つたものである。

新たに市債を募集するに際し、市は有利なる條件を得る爲め、標準的方法を採つてゐるか。此の問題に對する解答如何は急に決定すべからざる種々の要因に繋つてゐるのである。紐育に於ては新市債發行に際し、常に市の會計監督が新聞に廣告して最高の入札者に市債を賣るのが慣例となつてゐる。之に反し東京に於ては、各新市債の募集は、三井、三菱、第一、第三、十五及び日本興業の六銀行より成る銀行團に委託し、日本興業銀行をして銀行團の代表たらしむるを以て、市の慣例となすのである。市債の利子及び價格は市と銀行團との間の協議で決定する。右の銀行團には公債募集費として一定の手數料を支拂ひ、若し公債全部が一般公衆の間で賣れなかつたときは、銀行團が責任を引受けねばならぬことになつてゐる。

提　案

一　特定の目的については、市内不動産評價格の一定率の範圍内に於て、市に自由の起債を許し、各發行市債の銷却については數學方式を用ふるところの、細宵案を考慮すること。

二　下水道及び路面改良事業に對しては、隣接財産の受くる特別利益額に相當し、且つ特別賦課金の徴收に依り償還し得べき額まで、十年又は十五年の繼續年賦償還公債を發行するの慣例を考慮すべきこと。

三　現在市の提案せる、市に內國市場及び海外市場に於て起債するの權能を與ふるの方案は、內務大臣及び大藏大臣之を認可すべきこと。

四　市が外債を募集する場合には、政府は之に保證を與へて、國債に依ると同樣の有利なる條件を以て、市債を募集するを得せしむること。若し之が實行不能なりとせば、丁抹諸都市の採れる慣例に鑑み、外國金融市場に合同公債(數市聯合)を募集すべきこと。

五　若し現在の公債募集を銀行團に賴る慣例を、大體に於て繼續するの必要があるならば、尠くとも時々他の市內銀行及び外國銀行の入札を求め、以て銀行團との關係より生ずる、利、不利を發見すべきこと。

第五章　物資の購買

都市政廳が其の職分を遂行するについては、莫大な物資——用品、調度、機械等——の購買を行はなければならぬし、其の種類品質も亦多岐に渉る。若し物資の購買にして、良買の手際を以て周到に行はるゝならば、是れ經濟の實を擧ぐる所以である。若し又嚴正なる科學的標準を以て之に臨まば、都市行政に於ける物資購買の仕事は、吏員にして聰明なる限り、よく其の能率を收め得るであらう。即ち經濟と能率との兩者は、都市行政の採る購買方法如何に依ること多きものである。

此の問題は、過去二十五個年に亙り、各方面の商事會社や公共事業に於て、綿密なる科學的討究を遂げ、購買學なるものゝ概要は、既に構成されてゐるのである。從つて購買の重要なることは既に世の認むるところである。但し米國の官營私營の諸施設が、必ずしも既に其の最良の方法を採用してゐるといふわけではない。

都市の購買方法を檢分するに當り、紐育市政調査會の採用する檢別標準は、次の如きものである。

市の購買權能は一課に統一されてゐるか、或は各課各局夫々固有の條件、値段で購買するか。

調度、材料及び備品は之を標準化し、各品目につき、該物資特殊の用途に照し、其の特質を明らかにする精細なる科學的仕樣書を作成してゐるか。

購入費の低廉を期する爲め、市は大量購買を行ふの慣習ありや。

公入札に依り總ての競爭者に平等の機會を與へてゐるか。

購買に際して行ふ方法は、最大多數の入札者を集むるに適するか。

物資の納入は標準仕樣書に據つて、檢査と試驗とを受けてゐるか。

試驗及び檢査は統一的に行はれてゐるか。

都市は物資を賣込める商人に對して不便を與ふることなきやう、支拂を迅速にしてゐるか。

物資の貯藏と分配とは能率を擧げてゐるか。

物資の受入、貯藏及び分配は正確なる記帳法に依り出納管理されてゐるか。

右の標準に依つて之を觀るとき、東京市の購買方法は果して如何。

其の購買は或る程度まで統一されてゐる。即ち東京市には一個の中央購買課（譯註一）があつて、市參與の擔當する二局（譯註二）を除く外、總ての局課に對する購買は、此の課が取扱つてゐる。

（譯註一）經理課

（譯註二）電氣局及び養育院

市參與の擔當する二局を統一的購買の範圍外に置く結果、大量購買に依る市の廉價購買力は減殺せられ、同一物資に對して其價格に非常の不同を生ずることすら屢々ある。例へば嘗て市の或る一局に於ては石材一個につき一圓五十錢を支拂へるに對し、之と同時期に市の經理課は、同一石材を同一請負人より一個一圓で買つてゐたのである。も一つの例は、或る一課でポートランド・セメントを、或る一局より一樽につき二十錢高く買つたことである。是れ其の一部の理由は檢査の緩嚴と支拂の遲速とに因るものである。

中央購買課に於て購買する物資は、仕樣書に依る科學的方法に從つて標準化されてゐるか。嚴密にいへば否と言はざるを得ない。素より或る程度の分類や仕譯はある。例へば石炭は原産地と品質等級とに依つて分類してゐるが、之も大體めのこ算用に過ぎず、熱量單位に據るものではない。

事實に於ては行政局課夫々仕樣書を決定し、經理課の申出る更正を受けるのである。或は各課長に於て、自課の仕樣書の履行を經理課に强要することもある。實際の運用に於ては、經理課は各課長について明細書と所要數量とを纏め、同一所要品ある場合に、大量購買を行ふに過ぎないのである。

東京市には標準化及び仕樣書についての專門家は一人もない。

大量購買については、現に統一的に行へる購買の範圍內に於ては、之は可なり行はれてゐるといふことができる。併し又小量購買も相當にあるのである。實際の運用上價格千圓以下の購買については公入札を要しないことになつてゐる。之は必要の規定であるが、併し最も周到なる査定を行ひ、且此の規定の下に購買せる物資の質と量とについて、上級監督員の嚴密なる檢査を受けるのでなくては、此の原則は濫用を免れない。時には經理課に於て同種の物品を同一時に異つた値段で買ふやうなことも起る。どの程度まで之が行はれてゐるかは、會計簿と支拂證票とを詳密に調べて見なければ判らぬ。

物資購買上公入札の原則は、市制の定むるところであるが、之には例外がある。『急施』の場合、又は價格千圓以下の物資を購入するとき、或は一個人若くは一會社の所有に係る特許品については、適用されないのである。此等の例外は合理的でもあり且つ又經驗に基いたもので、必要には違ひないが、併し重大な濫用を誘ひ易いものである。千九百十九年或る市會議員等が、街路鋪裝及び土砂購買に關する不正事件に連座したのは實に此の『急施』の規定に依るものである。此の例外規定の違反を防止し得るものは、嚴密なる出納計算と行政監督とを措いて他にない。

扨然らばできる限り多數の入札者を集める爲めに――換言せば競爭を有力ならしむる爲めに――東京市の採用せる方法如何。市經理課に於て一定の物資を購買せむとするときは、慣習上之を東京市公報及び新聞紙に公告する。此の公告は特定週日、特定欄に掲載するのではない。從つて市に物資を賣らむと欲する商人は、每日、新聞の全紙に眼を通さなければならず、而かも特定の公告を見逃すことなきを保しないのである。入札に附するに際し、經理課の賴るところは主として土地の商業者である。經理課には、購入を要する物資の各部類について、公入札に應ずる實力ある内外商人を列擧した廣汎なる名簿といふやうなものはない。

購入せる物資の檢査及び試驗に至つては、多言を要せず、事實亦單純である。通常は經理課の代表吏員と、購買せる特定物資を使用する課の代表吏員とが立會の上、納入物資の檢査を行ひ、仕樣書に適合せるや否やを決定する。總べての購買に對する科學的精査を期せむが爲めの中央試驗所といふやうなものはない。尤も或る作業課、例へば水道課の如きは、特有の試驗所と試驗方法とを有する。

購買品の分配及び貯藏といふことは、東京市に於てはまだ科學的研究の題目となつてゐないので、批判の基本たるべき資料が揃つてゐない。物資は各課の註文に從つて、其の所要數量だけ、各課の事務室、若くは各課の指定する場所に納入される。市には**セメント**及び土砂置場の他、中央倉庫といふものがない。市行政部各局課の中で、獨り電氣局が中央倉庫制度を有するに過ぎないのである。

購買品に對する支拂をなすに當り、市の會計課は迅速にして簡截なる支拂方法を採つてゐるか。其の支拂に至る手續次の如し。

物資納入
檢査及び採納
支拂命令書に對する經理課の認可
支拂命令書に對する當該課の認可
助役の認可

支　拂

普通の場合、支拂手續完了に要する時日は自ら異るも、市の支拂手續の敏活を缺ぐことは、調査に依り幾多の例證が發見された。物品納入又は仕事完了後三四個月に至つて、商人や請負業者が始めて支拂を受けたといふやうな場合さへある。斯くの如き方法は、善良なる取引原則に反するものである。支拂の迅速は入札者を多からしめ、入札價格を低減し、時に多額の値引さへも生ぜしむる所以である。元來東京市税の納付期は、會計課に常に充分の資金を備へうるやうに、年度を通じて分割してあるのであるから、資金の缺乏を理由として支拂を遲延さす必要はないわけてある。

最後に購買物資の貯藏と分配とについては、各局課の間に其の權限が分れてゐる。

從つて貯藏品の出納及び管理の組織が、未だ初歩を脱せざる如き敢て驚くには足らぬ。市經理課には、唯貯藏品一部の記錄がある丈けである。經理課に於て、或る一課又は數課の爲めに一定の物品を購入せむとする場合、其の物品が現在他の課に澤山剩つてゐるか否かといふことについては、何等之を知る方法がないのである。

各課に於ける貯藏品の記帳方法も亦初歩の形式を脱しない。會計年度末に於ても、在庫殘高につき正確なる倉庫決算がない。之は貸借對照表中資は次年度歲入の部に繰越さるべきものである。

提案

一　市參與擔當局の購買を經理課の所管に移し、以て購買の統一を增進すること。

尤も此の統一原則は、此の方面に於ける一部の專門家が主張するが如き論理上の完璧を期する必要はない。若し衞生課に於て五年か十年に一度、僅か一臺の**エツクス**光線機械を要するといふ場合に、經理課を煩はして仕樣書の作成と機械の購買とを爲さしむるが如きは、明らかに愚である。統一に依り能率を擧げ得る其の限度は、二課以上の局課に於て要する同一又は同種の物資の數量如何に依つて定まるものである。此の原則に依り、東京市の購買を一層統一することは、經濟の實を擧げる所以であると考へる。

二　組成及び品質に關する科學的仕樣書に基き、新たに主要物資の部類別を定むること。特に金物、掃除器具、油脂、石炭、醫料品、石鹼並に洗濯料品、家具、紙類、インク、印刷用品、文房具、世帶道具及び食料品等の如き、基本的物資について必要である。例へば石炭は現在の如きめのこ算用の等級に從つて買はないで、熱量、灰、濕度等に關する仕樣書に依るべきものである。此等の仕樣書を勵行するには、劣等の石炭(仕樣書の標準以下のもの)には過料を科し、熱量が仕樣書以上なる石炭には割增金を交付することに依るべきである。

此の種の仕樣書は、經理課長に於て、右の物資を使用する總べての課長と密接にして好意ある連絡を取り、之を作成すべきである。購買事業全般の成功は一に此の協力に繫る。經理課長は自己の要求を各作業課長に强要するが如きことなく、各課長をして、購買上の協力に依りて得らるべき經濟を、自然に了得せしめなくてはならぬ。

三　各新會計年度の開始に先だち、各課は統一購買に附すべき物資の種類等級について、其の要求品目を列記して、之を經理課に提出すべきである。右の要求書は、過去數年に亙る平準需要高と新年度豫算に含まるゝ概算書とに基づくべきものである。此の點に於て物資購買と豫算調製との間に密接の關係あることを、茲に再び注意しなければならぬ。若し各課長にして、其の豫算概算書を作成するに當り、所要物資に關する所定細目を記載するならば(又當然記載すべきものである。上掲七九頁參照)購買すべき物資の數量については、其の正確なる材料が、既に豫算概算書の中に備はつてゐるわけである。

各課所要表の作成と同時に、經理課は特定の物資について其の所要時日を確かめ、之に依つて其の購買期を分ち、會計年度の初期に購買の澁滯するが如きことを避くべきである。

四　小量購買は縮小を要する。上述の諸方法の採用は、其の縮小を助成するであらう。更に經理課長をして、千圓以下の總べての購買、購買品の種類及び品質、購買要求課及び取引商人の氏名等をば、市長及び市會に報告せしむることに依つて、大いに之を促進することができる。右の報告は、次の三項の中の何れかを明らかにし得るものである。即ち(一)購買につき商人と結托して競爭を避けたるか、(二)年所要表を作成するに當り各課長に手落ちありたるか、或は(三)其の購買は善意である、即ち大量に使用されざる物資の購買であるかである。

五　經理課は他の各課の受動的機關たるより脱して、進んで一個の能動的購買機關とならねばならぬ。又市に於て使用する總ての主要物資につき、其の供給力に關する研究は絶えず之を持續しなければならぬ。世界の各地に於ける商工業者及び問屋の名簿は、最近のものを備へてゐなければならぬ。

經理課は各課に用品、備品、機械等を供給するについては、各要求種類及び等級の中て、できる丈け最良のものを適切に供給するやう、不斷の努力を要する。而して經理課長の任務は、恰も上手な商人が機敏にして行屆いた働きを以て、其の華客に滿足を與へるが如き心掛を以て各課長に滿足を與へることにある。

六　購買は出來る限り、礦山や製造業者から直接に行ふべきものである。

七　入札公告は一週日の特定日に新聞紙の一定欄に之を掲載し、商人等をして公告は必ず何處を見れば在るかといふことが判るやうにしておかなければならぬ。尚ほ右の公告の補足として、特殊の物品につき信用高き商人に對しては、公の通牒を發すべきである。特殊物品の公告に商業雜誌を利用することも必要である。公入札は適宜の公告方法に依つて、凡ゆる方面より入札者を集むべきものである。

八　經理課所管の下に標準檢査所を設置するを要する。之は水道事業の試驗所と聯結して設けることもできると思はれる。此の種の檢査所の仕事は、(一)市に於て大量に使用する物資の科學的研究を遂げ、(二)各課長其の明細書を作成するについての補助となり、(三)購買納入されたる物資の檢査及び試驗に資することとてある。尚ほ此等の點については、紐育市中央檢査所及び華盛頓の物品標準局に於ける實際の運用方法を善く研究せば、蓋し得る所多いであらう。

九　檢査所は購買、納入、使用する物資の檢査並に試驗について、經理課長及び各課長と協力するを要する。斯くして始めて購買についての嚴密なる檢査が、市の利益を保護する所以となるのてある。

一〇　大量購買に關聯して、中央貯藏所制度を建つることが果して望ましきや否やを決せむが爲めに、物資の貯藏分配全般の問題を周到に研究する必要がある。此の問題の解決は、物資の分配及び使用をば、時期と地區とに應じて、仔細に調査することに依り、始めて達し得らるゝものである。

一一　貯藏品のカード式臺帳を、各課に設くることを要する(若し中央倉庫が設置さるゝとすれば、之をこゝに備へる)。右のカードは物資の出納を明らかにすべきものである。物資の引渡に當つては、必ず各課長若くは直接に該物資を使用する事業の擔任吏員の査閲證明せる請求書を要することゝする。又貯藏品が帳簿と引合ふや否やを見る爲めに、定期の棚卸表を作る必要がある。總臺帳は絶えず總ての主要物資の狀態を明らかにすべきものであるが、殊に會計年度末に於て然りである。

一二　支拂手續は憶にもつと簡便に改め得る。市と長く取引ある信用厚き商人や會社に對しては、市は物資の最終採納に先つて、其の送り狀に對し前拂をしてもよい。尤も右の前拂に依り、市が相當の値引を得る場合のことゝである。米國諸都市の官廳に於ては通例、送り狀の引合と納入品の試驗とを了した後でなければ全部の支拂をなさぬのであるが、多くの米國商事會社に於ては信用ある商人から繼續的に購入する場合には、歷々物資の納入と同時に支拂をなし、送り狀や試驗は其の後に於て最も早く便宜の時に之を措置することにしてゐる。之を以て東京市に於て、請負契約の下に定期納入をなす信用厚き會社商店と取引する場合には、此の習慣を採用しては如何と提案する次第である。此の場合、素より適當なる保證を購買契約書の中に書き入れ、若し卽拂せる物資が註文に反する場合は、市に對して補償の責任を生ずることにするも敢て不可能ではない。之が實際運用上は、卽拂に對して市に相當の値引を與へる會社商店に限るもよい。右の値引を受くる物資の送り狀には、大きな朱印を捺して取引の性質を明らかにし、以て會計課の支拂を迅速ならしめることもできる。

何れにもせよ、支拂の管理は會計課に統一さるべきである、自己の署名捺印せる支拂命令書が正確なりや否やさへ、到底調べることのできさうもない上級吏員の承認を要する如きは、毫も管理の周到を加ふる所以ではない。却て責任を韜晦し、支拂を澁滯せしむるに過ぎぬ。

第六章　人事行政

都市に其の活動上必要なる資金と物質とが備はつたと假定して、次に起る問題は、仕事に堪能にして而かも實行意志ある有爲忠實の吏員及び雇員を得ることである。組織的事業としての都市の能率と實績とを決するものは、社會の表面にも現はれず、其の盡した勞務に對して名譽を受くることなき多數の人々の外見上微小な活動である。東京市幾百萬の健康と安泰とは、數多き男女吏員――其の能力に應じて、最高技能の技師より、最下級の日傭勞働者にまで亘る――の技能と獻身的態度とに依つて定まること多きものである。

小都會に於ては小企業に於けると同樣に、其の雇員問題は比較的單純である。市長又は責任吏員は、小工場主と同樣に其の仕事の内容を辨へてをり、自ら應募者に會見し、雇員を任命罷免し、又其の仕事を監督するのである。公私を問はず、大規模なる團體の發達と共に、之まで極めて適切であつた單純な方法も、全然不適切となつてしまう。其のなすべき仕事は彌々複雜を加へ、專門的、科學的、熟練的職業の數は増加し、又使用人の數も數千に上るのである。從って市長又は工場主は、もはや使用人の任用や事務の監督について、自ら責任を負ふことはできなくなり、其の權限を他の屬僚に任せざるを得ざるに至る。依怙贔負や黨派的政略は之までゞも既にあつたかも知れぬが、茲に至つて著しく侵入して來るのである。何か特殊の仕事ができる能力とは全然關係のない理由で人を雇ふことも屢々あり、又個人的又は政治的恩惠を施したといふ廉で雇傭されたり、罷免されたりするのである。新たな役目は必要に應じて設けるのではなく、或る政黨員や友人に地位を作るために設けられる。斯くして都市又は會社の事務機關は其の本來の目的から枉げられることゝなり、能率は擧らず、團體員の氣風は毀廢するのである。而かも茲に略述せる如き事實の例證は、米國到るところの公私事業團體の歷史の中から、幾らでも擧げることができる。

米國產業都市の急速なる發達に伴ふ此の無方針なる人事行政制度は、爲めに多くの弊害を發生せしめ、遂に市吏員の素質と其の事務の能率とに致命的惡結果を來たした。米國の經驗せる弊害の中で、特記すべきもの次の如し。

人を公職に任ずるに當り、其の示せる能力の故を以てせずして、寧ろ政黨に密接の關係あるか、或は市長や市會議員の友人なるが故を以てした。有能なる市吏員や傭員が、唯政黨員や政治運動屋の就くべき地位をあける爲めに、罷免されたことも屡々ある。

年齡も略同一、敎育も經驗も同樣で、而かも同じ仕事に從事してゐる人々が、非常に相違する俸給額を受くることになつた。例へば千九百十九年紐育市政調査會の報告に依れば、或る近接都市の水道課書記の給料は千二百十二弗から千八百弗まで、公園及び市有財產課では千百弗から二千百弗まてゞある。

政治關係の就任者を容れる爲めに、不必要な地位を作り、之に虛構的名稱を附して其の眞相を陰蔽せむとした。例へば工學のことは、まるで解らぬ政黨員に地位を作る爲めに、副技師といふ地位を設くるが如きものである。

性質上非常の相違ある仕事をなす人々に、同一の給料を支拂ふことが屡々あつた。卽ち或る課の書記の給料が、專門敎育を受けた責任ある技師と同一だといふやうなことがある。それは唯課長が彼を氣に入つてゐて『うい奴』だと思つた故に止まる。

等級や給料の決定が課長の意思に委されてゐる場合には、市會議員が課長を壓迫して、技能や、勤續年限や、經驗や、其の他能率上の値打ある要素には何等の關係なく、自分のお氣に入りの者の增給を迫つたこともある。斯かる場合、課長は職務規定を楯にとつて、自說を守ることもできず、政黨首領や市會議員の絕對命令に從ふより外ないのである。

各吏員の行ふ職務の性質が確定せざる場合には、青年の敎育に從事する敎育家も、吏員志望者も、公務の資格要件を知ることが困難である。

市行政各局課を通じて、一定の俸給規定及び事務規定がなくては、實際の執務要件に基く科學的豫算を組むことは不可能である。例へば若し何等の標準規定がなく、各局課長が勝手に自分の局課の執務要件や、俸給や、等級を定め得る場合には、或る課て『書記』といふのは必らずしも他の課の書記と同じ意味てはなくなるのである。

然るに最近三四十年の間に、米國では新たに雇傭學又は人事行政學なるものが興つた。之は吏員任用令改正、事務實地分析、テーラー法、俸給標準規定等の如き熟語を聯想せしむるものであるが、其の中から大體に於て、次の原則、卽ち一の學的大系が自ら生れて來たのである。

政治機關内に於て、行政部の吏迭と共に更迭すべきものは、局課長の如き政策決定吏員に限り、其の他の吏員、雇員は總て、過失なく又職務に有能なる限り、永久に其の公職又は地位を保持すべきものである。

中立或は聯立委員會又は機關を設け、(イ)永久的吏員の採用及び昇進についての規則を設定し、(ロ)採用又は昇進せる吏員の適、不適を考査する爲め試驗を行ふの責務を管掌せしむべきである。

各事務又は各職の責務、稱號及び報酬率は之を明らかに設定し、各局課同一でなくてはならぬ。

市行政部内の職制は、各事務管掌者の行ふ職分に基き、單純に且つ論理的に分類しなくてはならぬ。

(イ)任命(ロ)增給及び(ハ)管掌事務等級の昇進に關しては、明確なる原則を設くべきである。

各地位に屬する職責の有效なる執行に必要なる教育、經驗及び能力について標準規定を設け、試驗、任命及び昇進の基礎となすべきである。

公職に在る吏員の政治的、市民的、宗教的權利は之を明確に規定すべきである。

市吏員昇進の機會を說明する適宜の材料は、之を教育機關及び吏員志望者に公表すべきである。

年金制度ある場合には、右は健實なる生命保險的、財政的基礎の上に之を樹つべきである。

米國に於ける等級決定法の一例證として、次に掲ぐる紐育市等級決定案の概要は、多年苦心の調査に基く綿密なる結果を表はすものと見てよいものである。

第一に、市の事務は、立法部及び司法部を除き、總て次の職務に之を分類する。

專門係(工學、法律、醫學の如し)

半專門係(法律書記、試驗所助手等)

調查係

教育係

吏務係

檢查係

保管係
營造物係
警　察
消　防
道路掃除
熟練職工
不熟練勞働及び雜役

第二に、各職務は之を特殊の部に分かつ。例へば專門係の職務を、會計士部其の他に分かつが如し。

第三に、各部は之を等級に分かつ。例へば專門職務の技師部は各別職掌にある技師の行ふ仕事の性質に從つて、之を甲、乙、丙、丁の等級に分かつのである。

第四に、各等級の下に於て、雇員は稱號に依つて之を分かつ。副技師、土木技手、機械技手等の如し。

之を圖解するならば、上の制度に依る職務の分類は、次の如き體系をなすものてある。

一、専門係職務

一、技師部

甲等級（最高の技能を要するもの）

稱號　副技師

乙等級

稱號　土木技手

機械技手

丙等級　、、、、

、、、、

此の圖解は素より理想的なものではなく、又全部東京市に適用し得べきものでもないが、併し科學的市吏員の分類法に近き一方法の例證として示したのである。

東京市に關する事實の説述

一 東京市の使用人は二大階級に分れる。

吏員（正規及び臨時）

傭人（正規及び臨時）

市の吏員は（區の吏員を除き）次の如く二十五級に分れる。

市長

助役

收入役

副收入役

市參與

理事

主事

技師

技手

視學

事務員
醫員
講師
船長
機關手
運轉手
調藥員
水道檢査員
看護婦長
囑託員
掃除監督長
掃除監督
掃除巡視
雇其の他

右の階級の中、或るものについては俸給に基づく等級がある。例へば技手には月給三十圓から二百圓までの十七等級あり、技師には年俸千四百圓より一萬二千圓に至る十八等級がある。

二 吏員職務の等級は俸給上の等級で、事務上の等級ではないが、右は略勤續年數及び市長、助役及び局課長、の決定する能力に基くものである。

三 現行等級及び俸給に關する調査は未だ一度も行はれてないから、現制の結果について詳細なる研究を行ふべき資料を得る途はない。

四 市制第八十五條の規定に依り、市長は普通吏員全部を任命し得る。併し實際上屬僚を選任するのは各局課長である。(助役、收入役及び副收入役は市長之を推薦し、市會の協贊を得る。市參與は市會之を選擧する。)

五 任命方法は頗る簡單である。缺員を生じた場合、前以て申込者なきときは、新聞紙に廣告を載せる。併し既に申込者あるときは、局課長は申込書を一瞥し、志願者を招んで之に會ひ、自分の判斷に從つて選任するのである。そして局課長は教育、經驗、特定の地位に對する適、不適につき、自分で標準資格を定めるのである。尤も吏員の教育程度の最小限度に關する吏員規程があるけれども、此の規定も其の性質は極く一般的なものて、詳細の點につき、吏員の任命を左右するものではない。尙ほ千九百二十二年五月市長は、一つの規程を定めて、總て志望者は助役、有給市參與、收入役、道路局長の組織する『銓衡委員會』の審査を經なければならぬことになつてゐるが、實際上此の委員會はまだ會合を開いてをらぬ。吏員任命の場合、事務員が關係書類を各委員銘々のところへ持ち廻り、其の審査と承認とを求めるのである。任命につき特別の試驗を受けるものは、市吏員中二種に過ぎぬ。水道檢査員及び掃除吏員是れてある。右は其の爲め特に設けられた委員會て試驗を受けるのてある。

六　雇員及び吏員罷免の慣例も亦同樣に甚だ簡單てある。此の點について市長の權限は殆んど絕對て、助役、收入役、副收入役及び市參與を除くの外、市吏員を隨意に罷免することができる。奇妙なことには助役は新市長其の退職を望む場合と雖も、強いて主張するならば、現職に踏み止まることができるのてある。尤も實際上は通例市長の意思に背くことはない。又市長の實際上の權限は廣汎てあるけれども、一般に其の行使は制限されてゐる。市長は直屬の屬僚を自由に罷免することはできるけれども、下級吏員や傭人の監督罷免は、各課長に委ねてゐる。

七　普通新市長の就任に際して多數吏員雇員の罷免はない。併し時として全般に亘る『大掃除』を行ふこともある。

八　政黨獵官制、卽ち政治的理由に因る大仕掛な任免は、東京市行政に触つてはゐないやうである。それにも拘らず、市會議員大多數とまではゆかずとも、其の多くは缺員を見張つてゐて、自分の乾分や友人の任命を推薦するのである。如何に强力なる市長と雖も、行政部に對する此の壓迫を無視することはできない。されば多くの下級吏員や傭人、特に區吏員は事實上政略的任命者であることになるのである。時としては昇任まで政治的臭味を帶びてくる。

九　東京市には臨時吏員及び傭人を除くの外、市吏員及び區吏員の年金制度がある。實際上吏員は毎月給料一分を年金基金に納付する。年金を受けつゝある吏員數は相當多數に上つてゐる。千九百二十二年十二年三十一日、市に雇はれてゐる吏員二千七百九十五名(區吏員を含む)に對し、退隱料名簿には五百五十二名が記載してあつた。同會計年度(千九百二十二――三年)、市吏員の年金納付金概算四萬二千圓に對し、退隱料及び遺族扶助料支給概算は二十六萬一千六十圓であつた。年金制を生命保險的基礎の上に樹つる計畫はまだない。

一〇　市政事務に對する特別敎育の重要なるを認め、東京市は千九百二十一年に至り、池田助役統理の下に、市吏員講習所を設けた。講習課目は、法律、經濟、財政、會計、社會事業及び關係事項を含む。講習所は市の雇員及び吏員志望者の入所を許す。講義は大學敎授及び市の經驗ある吏員之を行ふのである。此の措置に出てた點に於て、東京市は米國都市に立派な模範を垂れたものである、總て都市改良を提唱する者は、此の新講習所の市政事務に對する當然の援助を庶幾するであらう。

論評及び建言

若し大東京計畫が實現せられ、目下企畫中の新改良事業が執行されることになると、市の使用者數は著しく增加するであらう。上水道事業の完成、下水道の敷設、數十哩に亘る鋪裝工事其の他種々の新事業に依つて、假令近郊地域の統一計畫は實現されなくとも、爲めに市の使用者數は多大の增加を見るであらう。從つて現在行はるゝ如き單純直接の任免方法は、局課長及び市長自ら各任命につき一々充分に個人的注意を拂ふことができない爲めに、自ら崩壞し去るべきは明らかである。其の結果、志望者の資格や、敎育や、技能に對して適當の調査を行はずして之を登用するやうなことは、從來は行はれてゐないにしても、竟に行はるゝに至るであらう。加ふるに吏員任命についての市會議員の壓迫は、缺員數の增加するに從つて、益々盛となるであらう。萬一東京市が、其の際米國の政黨獵官主義の弊に陷るを脫れ得るとせば、それは人間性が日本と米國とて同じからずといふことにある。

從つて玆に次の提案をなして、東京市理事者の注意を促すものである。

一　米國に於て勃興しつゝある新人事行政學を仔細に研究すべきこと。

二　總て市の公職公務及び各人又は各係の行ふ事務の性質につき、綿密なる調査を行ふべきこと。

三　總て關係ある事務は、同一職務(卽ち專門係、檢査係、吏務係等)の下に集め、各職務の中に明確なる各部(卽ち技師部、醫員部、法律部等)を分かち、更に各部の中に等級及び稱號を設くべきこと。斯くすれば地位上及び職務上の稱號は、總て行政部全部を通じて同一意味を有つことになる。例へば『書記補』又は『技手』と言へば、書記補又は技手を使用せる何れの局課についても、同一のことを意味することになるのである。

四　各階級の地位又は職務について、年齢、經驗及び教育に關する標準資格を定め、以て試驗係、任命係、教育係及び志望者の指針たらしむべきこと。

五　市の職員全部卽ち使用者全部は、之を無試驗及び試驗合格者の二部に分かつべきこと。第一部は無試驗にて、市長又は市長直屬吏員の任命に係る一切の吏員及び雇員を總括する。第二部は試驗に依つて所管事務に對する心身の適、不適を確めたる後始めて任用さるべき一切の吏員及び雇員を總括するものである。

六　委員三名より成る吏員任用委員會を設け、市の職務の分類、各等級使用人に關する試驗の決定、試驗の施行並に缺員に對し、適當なる合格者を採用係に證明するの件を掌らしむべきこと。

勿論右の方法を採るに當りては、必ず歐米現行の公官吏任用制度を精査し、如何に之を東京特殊の事情に適應すべきかの問題を研究すべきてある。

七　東京市の退隱料制度――現在の支拂義務範圍、基金狀態及び生命保險的計算に基く將來の債務――につき詳密なる調査を行ふこと。米國の或る都市では行き當りばつたりに年金を交付したために、吏員に對して巨額の債務――時には經費がかゝり過ぎる爲め、餘議なく之を値切つたといふ位の債務――が嵩むだものもある。東京も、うつかりすると多大の負擔を生ずるやうになるのではないかと思はれる。されば今こそ年金制度について(イ)年金を交付すべき明確なる條件、(ロ)奎使用者の納金すべき額、(ハ)各場合に於ける年金額、(ニ)將來に於ける市の負擔額概算につき明確なる科學的基礎を樹つべき時機てある。

第七章　都市の公益事業

上水道、瓦斯及び電氣事業並に交通機關の如き公益事業について、經驗上其の組織、經營及び管理に關する判斷の基礎をなすべき原則如何。右につき全部詳細に亘つて論ぜむとせば、卷を重ぬるも足りないが、其の根本的なものは次の如くてある。

公益事業は都市計畫に不可離の關係を有するものなれば、之を一體の問題として取扱はねばならぬ。狹義の水道、瓦斯、電氣の供給については、其の擴張は都市の發達と關聯するものなるが故に、誠に其の然るを見るのてある。極めて特殊の意味に於て、交通機關なるものゝ、都市計畫の凡ゆる部門の重要なる一部を成すものてある。混雜の緩和も、住宅の向上も、都市の秩序的發達も交通機關と密接なる關係を保つて始めて有効に實現さるゝものてある。從つて市內の公益事業は、市住民全體の欲求に鑑み、之を市有且つ市營となすか、或は右欲求に應じて單一都市機關をして之を管理統整せしむべきものてある。公益事業は一般に其の性質獨占的なるを以て、適當の料金や、給付の保障を自由競爭に求むることはてきない。されば、私人の手に在る場合には、公益上公共機關之を管理しなければならない。

私設會社の所有經營する公益事業につき、多年の經驗の結果、特許又は認可により、市内に於ける公益事業經營の權利を與ふる場合には、(一)會社の存續年限、(二)將來市に於て買收する場合の正確なる條件、(三)給付の標準、(四)會計の公表、(五)資本還元、(六)利益、(七)事業の擴張に關し、市民の利益を保護すべき一定の規定を含まなければならないことが明らかとなつた。(ウイルコックス氏「都市特許論」(上下)參照)

現代科學の發達に依り、公益事業の行ふ給付の測定に關し、確定的標準を決定することができるやうになつた。例へば瓦斯會社の供給する瓦斯の量と質とは、燭光及び熱量の單位を以て、正確に決定するを得るが如きである。

政治機關の取締を受くる公益事業を所有經營する大私設會社は、進むでやる場合もあり、又止むを得ずやる場合もあるが、兎に角一般に多少政治界及び選擧界の渦中に投ずるものである。

公益事業の建設と擴張とは、地價の騰貴に密接なる關係を有する。從て若し市が公益事業の建設擴張費を市債に依る時は、其の償還費は一般納税者に歸することゝなり、一定の市民の懐から取つた金を、地主の掌中に歸せしむることゝなるのである。

交通機關については、必要なる交通の便を供するものとして、路面電車の全然不適當なることは、總べての大都市の經驗が之を闡明してゐる。殊に自動車が交通の混雜を加重したる結果、商業街に於ける路面電車の運轉は絶えず減少して行つた。紐育、市俄古及び伯林の如き一部の都市に於て、交通問題の一部の解決を高架鐵道に求めた者もあつたが、其の經驗は全部成功とは言へなかつた。高架鐵道は沿線の街路を暗くし、不動產價格を引下げるのである。それに高架鐵道の噪音は公安を妨害する。之に反して地下鐵道は街路の交通を妨ぐることなく、不動產價格を低下するどころか、却つて引上げるのである。之を要するに、歐米の趨勢は總て路面電車の高架線に反對して地下鐵道に向つてゐる。

東京市の實情

東京市に於ける公益事業の實情につき、其の主要事實は如何。

一　東京市は、上水道、路面電車、電燈事業を所有經營し、街路の點燈及び個人、會社に對する電燈電力の販賣を營むてゐる。併し市は發電所を有せず、電力は私設會社から買つてゐる。

二　東京には私設公益會社が三つある。東京電燈會社(市と競爭の位置にある)瓦斯會社及び市街自動車會社是れである。此等は孰れも現に事業を營みつゝあるものである。加ふるに四の地下鐵道會社が特許を受けてゐるが、之が合同計畫は未だ效を奏せず、建設工事もまだ始つてゐない。

三　上記の會社は孰れも市の特許を受けたものではない。瓦斯會社は會社法の規定に依つて成立し、從來東京府の所有經營してゐた瓦斯事業を買收し、東京市と契約關係を締結したものである。此の場合市は一私法人として行爲したものである。尙ほ電燈會社は遞信省から特許を受けたものであり、市街自動車會社は警視總監總監は自動車免狀を取締る)、地下鐵道會社は鐵道省の特許を受けたものである。瓦斯會社及び電燈會社の存續年限は規定してない。併し東京市は私法人の資格に於て、右兩會社と契約關係に入つてゐる。此の關係は其の性質甚だ一般的にして、米國最近の特許事業にある如き、公益上の細目規定を缺いでゐる。千九百十一年瓦斯會社との間に締結せる市の契約は、三十個年即ち千九百四十一年まで繼續する。千九百十二年に締結せる電燈會社との契約は、十五個年期間滿了後、協定に依り之を變更せざる限り、二十個年即ち千九百三十二年まで繼續するのである。瓦斯會社の場合に在つては、契約期限滿了の前後を問はず、市が之を買收せむと欲する時は、會社財產の評價方法に關する一定の條件が規定してある。若し市と會社との合意成立せざるときは、契約の文面により、事件は仲裁裁判に依つて解決することになつてゐる。

四　東京市は此等私設會社の料金、給付及び擴張について、繼續的に之を取締り、且つ管理すべき直接明示の權限を有たない。地方的にも、中央的にも、公益事業委員會などはない。尤も市は法人として公益事業會社と契約を結び、道路の使用に關し一定の管理を行ふことを得る。前述の如く市は事實上、電燈會社と契約を締結して、供給區域の分界及び料金に關する條件を定めてゐる。市は又瓦斯會社と契約を締結して、料金及び配當につき滑準制度を協定してゐる。瓦斯會社の公定配當は年九分と定め、若し利益が右の年九分を超過したるときは、滑準法に基き、翌年度瓦斯料金の値下げを行ふこと丶なつてゐる。又若し利益が年九分の配當をなすに足らざるときは、會社は市會の承諾を經て、料金の値上げを行ふことを得るのである。此の規定に從ひ、千九百十九年會社は市會の承諾を經て、一千立方呎一圓七十五錢の瓦斯料金を二圓二十五錢に値上げした。而かも此の交渉は不正事件を生み、市會議員數名及び瓦斯會社重役の收監を見るに至つたのである。

右の協定に依つて、瓦斯會社は直ちに配當率を七分から九分に引き上ぐるを得、千九百二十年以來此の配當率を續けてゐる。更に瓦斯の生産費も大いに減じたに拘らず、會社は未だ東京市民の爲めに料金の値下げを行はないのである。

左の總計表の示すごとく、瓦斯會社の生産費は僅に減少してゐる筈である。

	瓦斯生産高	總經費
一九二一年前半期	二、九五七、六七一、〇〇〇立方呎	七、六六四、二一六圓
一九二二年後半期	三、〇八五、二八二、〇〇〇	六、四七二、九二五

換言すれば千九百二十二年後半期に於ける會社の瓦斯産出量は、千九百二十一年前半期に比し、一億二千七百六十一萬一千立方呎だけ増した上、生産費は百十九萬一

千二百九十一圓だけ低下したのである。石炭の値段も千九百十九年以來非常に低下した。瓦斯會社の純益は、千九百十九年に於て、三百一萬三千二百二十二圓なりしものが、千九百二十二年には五百十三萬五千八百三十九圓となつた。而かも此の期間中、瓦斯會社は都市發達の必要に應じて瓦斯管の擴張を行ふに至らなかつたのである。

東京市には公益事業委員會もなく、市行政部にも瓦斯會社の經營方針に對して充分なる權限を有する局課がないので、瓦斯會社が果して何の程度まで、市の要求に應じて管線の延長を計ることを怠つてゐるか、之を決定すべき資料はない。會社が管線の急速なる擴張に依つて、新需要者に瓦斯を供給する爲めに、特に力を致すところがないといふ批難の聲は、時々一般市民の間に聞える。然るに市には此の市民の苦情を聽取し、且つ新たなる需要に應ずべき瓦斯管の迅速なる擴張を會社に强制するの機關がない。千九百十一年の市に對する報償契約にも、擴張の件に關しては何等の規定がないのである。換言せば、東京市は瓦斯會社と拙い契約を結んだものである。其の結果として、報償契約は、唯會社資本に對し九分の配當を保障するに止まり、市は市民の利益を常に擁護し、供給標準を維持し、或は特殊の義務の履行を強制するについては、全然無力なものとなつてゐるのである。

五　東京市に於ける公益事業會社の行ふ給付の品質に關し、之が標準規定の履行を強制するの權限ある都市機關は一つもない。遞信省は電燈のメートル据附の際之を檢査するけれども、据附後は何等有效なる檢査を行はない。又農商務省は瓦斯のメートル据附の際之を檢査するけれども、其の後定期の檢査を行はない。供給の品質については何等官公署の監督はなく、官公署常時の品質檢査も行はれないのである。若し冬期に至つて瓦斯會社所有工場の生産能力に過度の負擔が課せらるゝ結果、瓦斯の品質が惡くなるやうなことがあれば、市民唯一の苦情の持つて行き所は會社か新聞かてある。而かも此の方法は孰れも科學的でもなければ、又有效でもない。瓦斯の品質は純正、科學の問題であつて、試驗に依つて始めて決定され得るものである。然るに東京市には瓦斯試驗所がないのである。此の點については市民の利益を保護すべき機關がない。めのこ算用で、料金や利潤に關する協定をしてゐるが、一定料金で需要者に供給する瓦斯の熱度及び光度單位については、何等の保障を含まぬのである。同一のことは私設會社(並に市)の供給する電燈についても言はれ得る。

六　市及び私設會社の販賣する電氣の大部分は**メートル**計量器に依らず、一定の一般原則に基づく定額制に依つて、大小の需要者に販賣するのである。其の結果全市に亘つて電流の夥しい浪費が行はれる。寢室に於てすら、終夜電燈を點けつ放しにする人も澤山ある。其の爲めに周密にして經濟的なる市民はだらしない市民の勘定書を拂はされることになる。勿論**メートル**器を据附けたり、**メートル**調べを行つたり、消費電流に依る勘定書を作つたりする爲めには經費がかゝる。併し**メートル**器の强制使用の方が結局經濟的であると共に、注意深き需要者に對して一層公平ではないか。此の點に關し現在のやり方について極めて綿密な研究を行ふ必要は慥にある。

七　されば、東京市に於ては、理解ある都市計畫と關聯して、公益事業問題を何等統一的に處理して居ないことが判る。公益事業の特許と其の取締に與つてゐる機關は少くも六つある。府廳、鐵道省、遞信省、農商務省、警視廳、それから稍從てあるが市役所がある。而かも最も密接の利害關係ある東京市が、特許の賦與に關する權限は最小なのである。

建言

一　市内に在る公益事業會社に對する特許賦與の全權限を市の管掌に統一すること。總て特許は下記の市行政部内公益事業課に於て之を準備し、市長之を裁決し市會の協贊と内務省の許可とを受くべく、内務省が三個月間之を放置するときは、許可ありたるものと認定することゝすべきである。

二　市長の任命に係る吏員三名――課長及び補助員二名――を以て組織する公益事業課を市行政部内に創設すること。本課は公益事業方面の專門家を以て之を組織すべきである。其の權限は、市内に於て營業する公益事業會社の料金及び給付を取締り（特許の條項に從ひ）會計の公表を強制し、給付の標準を建てゝ之を強制し、會社の義務不履行に對し市民及び市の抗議を聽取するにある。

三　公共の利益を保護する爲め、料金、供給條件及び一定條件の下に於ける結局の買收權に關する件につき、總ての特許に記入すべき標準規定を法律に明定すること。

右の規定については、全國都市協會發行『模範特許』中に廣く記述してある。

四　瓦斯會社の管線擴張については、需要者の要求と、會社の資本吸收力の實際限度とに鑑み、之が條件を明確に規定すべきこと。米國に於ては、新需要者に對する瓦斯供給管線の擴張を瓦斯會社に强制する爲めに、次の原則が方々の都市に採用されるやうになつた。

(イ)　若し新事業にして、新投資に對し八分の配當を生ずべきこと明かなるときは、擴張を强制する。

(ロ)　若し擴張を望む新需要者にして、右の擴張費と同額の會社株券を買入るゝことを約するときは、擴張を强制する。

(ハ)　若し百立方呎の擴張に對し、每年一定量の瓦斯を使用する一定數の需要者が保障さるるときは、擴張を强制する。

(ニ)　市會に於て瓦斯の新需要に鑑み、當該擴張を正當なりと認めたる場合に於ては、市會の命令に依り、擴張を强制する。

（ホ）市民にして擴張を欲し、且つ毎年一定量の瓦斯の使用を約する者連署して請願せるときは、裁判所の命令に依り、擴張を强制する。

五　現在の契約が千九百四十一年期限滿了に至りたるときは、瓦斯會社との契約を更改すること。右の更改には、標準、資本還元、利潤、擴張、市の買收其の他に關する現代的原則を挿入すべきてある。此の點については、前掲**ウイルコックス**『都市特許論』參照。

六　地下鐵道については、諸會社既に特許を受け、又現在市の財政上短距離の試驗線路の建設しか許さぬ狀態であるから、此の際、財政上建設經營の市營を許さゞりし紐育市の實例を研究すべきこと。諸電車會社と紐育市との間に締結せる共營制度は、東京市の指針たるべき一定の原則を提供するものであるが、尙ほ之に公益上の保障を加ふるを要する。右の共營制度は特に次の要素を含むものである。

（イ）地下鐵道及び其の設備の所有權を市に屬せしむること。
（ロ）市は建設費支拂に要する金の半額以上を提供すること。
（ハ）會社は市との細目協定に基き五十年間全系統を經營すること。

（ニ）一定の規定に從ひ市と會社との間に收益を分配すること。
（ホ）會社は五十個年の期限滿了の際、殘存負債を銷却するに足るべき一定額を每年積置くを要すること。
（ヘ）一般都市計畫の一部たる廣汎なる計畫に從ひ線路を敷設すること。
（ト）地下鐵道に依り利益を受くる財産に對して特別賦課の原則を適用すること。右の賦課金は市が地下鐵道に投資せる負債額全部を補ふに足るべきものなること。

地下鐵道の建設について特別賦課の原則を布くことは根本的に重要である。若し紐育市の實例にして何等かの基準となるものならば、東京市は此の方法に依つて地下鐵道費の全部、少なくとも大部分を徵收し得るものと豫期して差支へない。紐育市に於ける或る地下鐵道擴張の場合の見積に依れば、『地下鐵道兩側約半哩に亘る地域が、地下鐵道の建設に因つて受けたる土地增價の總額は十個年間に、千三百五十萬弗の普通賠償額を超過すること、實に約三千百三十萬弗であつた。而かも建設費は約五百七十萬圓であつたのである。若し特別賦課の形式に依り受益財産をして、此の經費を負擔せしむることゝしたならば、普通勝貴價格を引去つて、尙ほ二千五百六十萬弗の總利益が殘るわけてあつたのてある。」

第八章　東京市に於ける自治の精神と其の實際

行政機關、豫算、租稅、購買及び技術の問題を論ずる場合、吾等の論評は畢竟都市事業を有效に遂行し得べき組織に關するものである。加ふるに、吾等の論ずるところは多少正確なる定義を下し得る事項――大體科學的に定說ある事項――である。從つて此の方面に於ては、假令總ての場合について、科學的正確を期することはできなくとも、鞏固なる經驗の基礎に立つ原則を樹てることは比較的容易である。

之に反し此の組織の運用といふことを考察するに當つては、吾等は之と全然異る資料と問題とに當面することになるのである。何故都市は速かに現代科學の總ての利便を採用せぬかといふ問題を檢討する場合、吾等は非常に複雜なる社會勢力――定義することも、探索することも、理解することも困難なる力――に當面する。近時東京の一新聞記者の言へるが如く、**アインシユタイン**博士の講演に恍惚として三時間を過したる後、無蓋の溝渠に挾まれた、無鋪裝の道を、踵を沒する泥土をものともせず徒渉して家路につき、而かも東京市幾千の市民が平然たるは何故であるか、何人も之に說明を與へた者はない。或は物質上の快樂よりも、靈の糧を養ふこそ高尙なれと答へられないこともない。併しアインシユタイン博士が其の學理を開發したのは、現代文明の利便を有する都市であつたと附言することもできる。二者は兩立しないものではない。

後世の龜鑑たるべき都市改良事業の歷史を回顧するとき、之は大體に於て二つの起原より發生せることを見るのである。大都市の建設と都市の改造とが、天稟の才と先見の明とを有する專制君主の業に成るものも澤山ある。ペリクレスの雅典に於ける、オウガスタスの羅馬に於ける、ナポレオン三世の巴里に於ける、其の事業は支配者個人の功名心より生まれたる大計畫の著るしい例である。他方に於て米國の諸都市に於ては、廣大なる都市改良事業が、一般市民の力強き確固たる努力の結果として行はれたのである。換言せば、多くの都市事業の跡を遡つて見ると、結局仁愛的現代專制主義か、或は市民の理想、欲求、及び向上心か、此の兩者の何れかに到達するのである。併し歐米民本主義の實際を分析して見ると、都市の「市民全體」が、必ずしも現代的改良事業の採用に熱中するものにあらざるを見るのである。實に伯林、巴里、倫敦、紐育幾百萬の人民が、甚しい不潔と、疾病と、密住とを、不平も言はず忍容してゐるのは寧ろ悲慘の極である。

米國の都市民本主義の實際作用について見るに、之を動かすものは市民全體ではなくて、市民の或る團體である。此の團體は時として慈善を目的とするものもある。例へば、二十世紀初頭に於ける紐育市の不潔なる貸長屋狀態に對して、之が攻擊運動の牛耳を採れる者は、其の事實に精通し、之が改良に熱心なる意氣ある男女の一團であつた。他方に於て此の種の團體は本來利己的なものでありながら、偶然附隨的に公益の目的を達成するに至るものもある。例へば改良事業から生ずる不勞所得に依つて奇利を博せむとする小數の政黨領袖と、不動產投機業者との活動のお蔭で、立派な公園系統が出來た都市は米國に幾らもある。時には小學校舍を建てるについては、小學兒童の必要を顧慮すると同時に「政黨」御用商人の利益を心掛けた結果出來たものもある。

今や日本は、桓武帝の如き英明なる君主が、自己の發意に依つて莊麗なる帝都を計畫、設定、造營するを得たる古代と、公共改良事業は少くとも其の一部は、民衆の希求と利益とより發生すべき現代との中間に立つものと思はれる。例へば東京市の市政は、もはや將軍又は内閣諸公のみの支配するところではない。厄介な市政問題が東京市の上に降りかゝつて來たとき、之が計畫及び執行の權限は、帝國政府と參政權ある一部の東京市民男子との間に分割されてゐるのである。西洋諸國に於けると同じく、日本に於ても產業都市の發達があまり急激なりし爲め、此の革命的變化に基づく諸問題について、市民の未だ目覺めざるに先だち、既に全然新たなる型態の都會文明が建設されてゐたのである。而かも帝國政府の一官吏の力を以てしては、此の事態の要因總べてを制御して、此の混亂より直ちに秩序を招來し得るものではない。一方人民の大多數、さては參政權ある有權者と雖も社會生活向上の必要と、此の必要に應ずべき現代的方法とに目覺むるところなきは、他國と軌を一にしてゐるのである。

之を以て、東京市政發達の徑路を支配する内的勢力は如何なるものであるか、之を理解する爲めには、現在成立してゐる自治制の性質を究明することが必要となるのである。都市活動の原動力は何であるか。如何なる原則に依つて選擧權は決定されるか。選擧權者の數は如何。選擧方法は如何。如何なる種類の人物を彼等は選出するか。選擧人に市政問題に關する報導を與ふる爲めには、如何なる機關が存在するか。選擧の際發表する市政綱領なるものは、如何にして作られるか。此等の問題については多少其の間意見の相違を生ずべきも、問題自體は之を避くるを得ない。

千八百八十九年東京市に自治制の布かるゝや、市會は模範としてプロシヤ式に則つたものである。市會議員は市内各區に配屬して、三級制度に依つて之を選擧することになつた。市内に於て徵收する直接市税の總額を三分し、右租税總額の最初の三分の一を納むる最高納税者(法人及び婦人を含む)を第一級とし次の三分の一を納むる者を第二級とし、殘餘の納税者を第三級とした。そして右三級の選擧人が市會議員各々三分の一宛を選出するのである。千九百二十年の數字に依れば、此の制度に依る選擧權者は三級を合せて五萬千百三十四名であつた。

千九百二十二年四月一日に至り、此の三級制度は廢せられ、法律に依り新制度の實施を見た。新法制に依れば、滿二十五歲以上の男子にして、如何に小額でも二年以上直接市稅を納め且つ二年間市內に居住するものは、總べて選擧權を有することゝなつた。併し選擧人は次の手續に依り之を二級に分かつ。即ち直接市稅納稅總額を選擧人の數にて除し之に依つて『平均』納稅額を決定する。そして平均納稅額以上を納むる選擧人は總べて一級とし、之に市會議員の半數を選擧すその權を與へる。平均納稅額未滿を納むる殘餘の選擧人を二級とし、之に議員の半數を選擧せしむるのである。新法制に依る千九百二十二年の選擧人數は、一級二萬八千五百二十三名、二級十三萬三千百三十五名であつた。即ち選擧權者の數は三倍に增加したのである。

東京市の選擧手續の特色は次の諸點に在る。選擧人名簿は各區に於て選擧期日前六十日を期とし、區長が徵稅簿に依つて之を調製する。右の選擧人名簿は一週間內之を公開し、自己氏名の記載あるや否やを知らむと欲する者は、區役所に於て直接之が縱覽を許す。若し一級若くは二級の選擧資格ありと信ずるにも拘らず、名簿中に其の氏名の脫漏せるを發見せる者あるときは、區長を經て市長に異議の中立をなすことを得る。右の申立は第一に市會の決定に付する。之に不服あるものは更に府參事會に訴願し、最後に行政裁判所に出訴することを得るのである。東京市には本人登錄法なるものはない。――即ち來るべき選擧に際し、其の得べき權利義務に關して選擧人に通告する方法はないのである。

市會議員選擧候補者指名に關しては、何等法律の規定はない。被選擧權者は何人と雖も立候補するを得べく、政黨政派は自由に候補者氏名を宣言するを得る。理論上議會の政黨は市會選擧に對し、政黨としては干與しないことになつてゐるが、事實上は干與してゐる。而かも茲に一言すべきは、東京市には米國の政黨組織に見る如き、政黨各々候補者名簿と政綱とを發表するの習慣なきことである。即ち政見と活動とを二三の强力なる政治團體に集中してゐない。候補者は普通當該區に於ける小規模の商業的、財產的利益を代表するに過ぎないのである。斯く正式又は法律上の候補者指名がないと同じく、選擧投票用紙には候補者氏名の記載がない。選擧人自ら候補者の氏名を記憶し、之を投票用紙に記入するを要するのである。

選擧に關しては區を單位とする。市は十五區に分かれ、選出せらるべき各級議員數を各區に配分する。選擧場は各區一個所づゝである。卽ち紐育市に於ては、住民約二千五百人に對し選擧場一個所を設くるに對し、東京市に於ては、六萬二千乃至二十五萬六千の人口ある十五區に、各一個所づゝを設くるに過ぎないのである。選擧權を行使する爲めには、選擧人自ら選擧場に臨まなければならぬ。選擧日は二日とし、第一日は二級選擧、第二日は一級選擧に充てる。選擧日は之を休日とはしない。選擧場は市長の定むるところにより、普通午前七時から午後六時まで之を開くことゝなつてゐる。

投票の際選擧人は投票用紙に自己の投票せむとする者の氏名一名を記入する。各級投票中最多數を得たる者二名、三名又は四名(各區に依り異る)を以て各區に於ける當選者となす。但し當選者の得票が當該區の各級選擧人總數を、各級選出議員數を以て除したる商の七分の一に達することを要する。例へば、某區に於て選擧すべき一級議員數を四名とし、右區の一級選擧人數を四百名なりとせば、其の商は百名にして、當選に必要なる得票數は百名の七分の一卽ち十四票である。同一の規則が第二級にも當てはまる。此の單記投票制は政黨制を打破して、一種の比例代表主義を行はむが爲めに設けられたものであるが、比例代表の原則が其の理論的結果を達してゐないことは明らかである。

市會選擧制度は實に斯くの如きものである。然らば此の制度の運用上、人民の興味はどの程度まで普及してゐるかといふことを、實際の投票者數に依つて測つて見るとどうなるか。舊三級選擧制に依る最終の選擧に當り、選擧資格者にして其の權利を行使した者は六割四分であつた。然るに千九百二十二年七月、新二級選擧制に依る最初の選擧に當つて、其の權利を使用したる選擧人の比率は七割五分に上つた。次の如し。

	選擧人數	投票者數	比率
一級	二八、二二三	二四、二五二	八九・五
二級	一二九、七四四	九四、二六九	七二・六
合計	一五七、九六七	一一八、五二一	七五・〇

此の數字は他の諸國に於ける市會選擧の成績並に日本に於ける從前の成績と比較するとき、特に意義あるものである。有權者七割五分が實際選擧に參與したとい

ふ事實は、人民の興味の旺盛な證據である。米國の實例に比するに、此の比率は、相當熱狂的な性質の選擧としても、惜に高い比率である。東京市に行はるゝが如き區制選擧の下に於て、七割五分の投票者を得ることは、米國の大都市何れに於ても、極めて難しとするところである。亞米利加共和國の初期に當り、選擧の際有權者の選擧權を行使せる者は、五分の一乃至六分の一に足らなかつた。東京市自治制の未だ新たなることに思を致さば、千九百二十二年に於ける東京市の選擧成績は、市民の間に市の選擧に對する興味の普及せることを證するものである。

尙ほ特筆に値する一點がある。即ち此の數字が自治制に對する東京市選擧人の參加力の增加を示すことである。千九百五年に於ては選擧人名簿記載人數は四萬三千百人であつたが、千九百二十二年には之が十五萬七千九百六十七人となつた。更に重要な事實は、マクラレン博士の數字に從へば、千九百五年の選擧に投票した有權者は一割八分八厘に過ぎなかつたに對して、千九百二十二年には七割五分が其の權利を行使したといふことである。是れ東京市に於て、市政問題に對する一般の興味が增進しつゝあるといふことゝ、選擧權の擴張と共に一般の興味が增進したこととゝを示すものであると思はれる。

階級選擧制の爲め、各級選出議員の器量に何か重要な差異を生じてゐるか。之が解答は否てある。其の學識、見識及び公共的精神に於て、各級選出議員の間に著しい差異はないやうに思はれる。公平なる東京市政研究家の言に聽くに、小職業政治家の活躍は、選擧人が少ない爲め、一級の方が寧ろ盛であるといふことてある。二萬八千の選擧人を以て、市會議員の一半を選擧するのてある。斯かる少數の纒まつた選擧人團を組織支配する位なことは、敏活なる策士にとつては易々たることてある。然るに二級選擧人に對しては雄辯家の方が却つて勢力がある。尤も雄辯家が市民に訴へて最も利目のあるのは、都市改良に關する建設的綱領に基づくものてはなくて、誰ても知つてる『惡漢を逐ひ出せ』といふ叫びてある。近時數名の市會議員が東京瓦斯會社との不正事件に連座して告發さるゝや、收監議員數は、一級二級殆んど相半してゐたのてある。

東京市の選擧制は、實際の運用上、中年を過ぎた人々を當選さするの結果を生むてゐる。千九百二十三年の數字に依れば、市會議員八十八名の中、四十歳以下の者は十三名に過ぎず、五十歳以上が四十四名であつた。又市會議員中辯護士の數が他の職業よりもずつと多い。

東京市が三十年以上に亙つて、或る程度の自治を有し、來りしものであり、且つ市民の市政問題に對する興味も增進しつゝあることは、上記の事實に依つて明らかである。茲に於てか、東京市が、下水道や、街路鋪裝や、交通機關について斯くまで遲れてゐるのは何故であるかと聞きたくなるのである。幾萬の市民は多年選擧權を享有して來た。何故此の權利を行使して市の物質方面の改革を强要しないのか。東京市は之まで多くの有爲にして、進步的なる市長を有つてゐたのである。然るに二十五年の間に彼等の成就せるところ斯くまで微々たるは何故であるか。此の事態は如何に之を說明すべきであるか。

此等の點については論爭の生ずるを免れない。されば之よりは純正科學の領域を去つて、推斷の世界に入ることゝなる。併し乍ら此等の問題についても、東京市の政治社會の調査に依つて、多少の光明は得られるのである。東京市の行政組織、社會組織及び知的生活の解剖は、次の諸要素を闡明する。

先づ第一に、東京市長の權限は、上に指摘したるところの如く、甚だ貧弱なものである。市長は一方市會の制御を受くると共に、他方府と內閣各省との監督を受ける。若し市長にして帝都現代化の大計畫を抱くときは、一方輿論の後援を求むると共に、他方內閣各省の許可を受くるを要するのである。

第二に、東京市民は漸く封建制度を脫したばかりである。民衆は數百年の長き封建制の下に、疑問も、比較も、批判もなく、事物を其のまゝに忍容することに慣れて來た。市民は服從には慣れてゐるが、自主と自治とには不慣れてある。

第三に、歐米の機械工業と科學思想とは、海外から押しかけて來た外人と、洋行して彼の地の新發明、新思想に親しみ來りし日本の知的指導者とに依つて、突然市民に押しつけられたものである。從つて西洋の土を踏むだことのない多數の人民が、眼前に展開しつゝある革命的變異に對して聊か茫然たるのは無理からぬことてある。

第四に、東京市には、都市改良事業に深甚活潑の興味を有し、現代的都市改良事業が生產上、企業上の能率に對する意義を自覺してゐる、企業心ある大實業家や、大資本家はまだ少數に過ぎない。

第五に、東京市の社會組織上最も著しい要素は、幾千の小店主や、手工業者であるが、彼等は小さな店舗を構へて長時間の勞働に堪へ、而かも生存競爭上區々たる日々の家業に精根を消耗してゐるのである。實に東京は、「日本のマンチエスター」たる大阪とは異り、概して言へば、一の首都的中心を有する村落の集合に過ぎない。東京市人口の大部分は、村落民――小商人と小店主と――が人口の自然增加に依つて大きな社會團體に纏まつて出來たもので、其の爲めに、もとの村落と村落との隙間が埋め盡くされたものである。

第六に、工業勞働者(尤も多少手工業に絡つてゐる)は夥しい數に上つてゐるけれども、之も未だ緊固なる團結を有せず、歐洲――稍劣つて米國――に於けるが如き、社會を動かす勢力とはなつてゐない。西洋に於ては、勞働團體が既に多年都市生活狀態の改善を迫る要素となつてゐる。勞働黨は既に完成せる市政綱領を作成し、假令小數黨の地位に在る場合と雖も、都市政策に對して深甚なる影響を及ぼしてゐる。然るに東京に於ては、勞働者は大體に於て選擧權もなく、團體組織もなく、又市政に對して興味も綱領も有つてゐないのである。

第七に、一般に日本人、特に東京市民が享受してゐる自治の要素は、千六百四十二年より千六百八十八年に亙る英國、千七百八十九年より千八百十五年に亙る佛國の事情にも比すべき、國家的大覺醒又は大騷擾の結果として獲得したものではない。日本の民本主義は、下から自發的に發生したものではなくて、達見ある指導者から天下り的に培養されたものである。

第八に、東京市には、市、府、政府幾千の官公吏の組織する官僚があつて、彼等は他の諸國の官僚と同じやうに、各々其の勢力の擴張に熱中してゐるのである。彼等は屢々進歩的政治の熱心なる提唱者となることもあるが、併し一般に民情の急激なる發達は彼等の特權を侵害するの虞あるを以て、之が助成には熱心でない。

第九に、若き人々は假令獨立不羈の政治的生涯に熱意を有すると雖も、下は民衆の後援を缺ぎ、上は官僚分子に敵對するの故を以て、一蹴し盡されてしまふのである。現在の選擧制では、確立せる官僚勢力の無爲に對抗して、都市改良の爲めに戰はむとする若き指導者には、一の立脚地さへないのである。

第十に、米國の婦人は參政權獲得前に於て既に都市問題指導者の伍に列してゐたものであるが、東京の婦人は之と異り、私的慈善事業などとは別個の立場に在る都市問題に關する組織を有つてゐない。彼等が政治上の集會に出席するの權利を得たのは極く最近のことなので、從つて彼等が特殊の天職と目する家庭生活の保健と、享樂と、安全とについて、都市行政は直接の關係があるといふことは、彼等の未だ自覺せざるところである。

第十一に、選擧權、候補者指名及び選擧の制度が自然に民衆の興味を道路、下水道、淸潔法、交通、密住、公衆衞生の如き主要問題に集めるやうになつてゐない。

第十二に、政府の官吏に比べると、市の吏員には立身の途がない。帝都或は地方の都市に於て多年獻身的に勤務しても、何等の尊敬も、肩書も、名譽も、公の表彰も與へられないが、之に反して、官界では、比較的採るに足らぬ勤務に對してさへ、最高の位階を授けられるのである。

第十三に、市政に關する敎育は、小學校より大學に至るまで非常に閑却されてゐる。東京、京都の兩帝國大學には、市政に關する特別講座も、奬學金も、賞金もない。市政問題に關する學校敎育は極めて幼稚なもので、市長後藤子爵の創設せる或る特殊の事業を除けば、都市行政に關する教育は殆んど全然閑却されてゐる。

提案

上に列擧せる諸事項の中には時の經過に從ひ、事態の進捗に依つて變化すべきものが少くない。現代科學が都市行政の上に齎らすべき眞正の利益についても、雜誌や、書籍や、旅行が發達し、生活標準が向上し、西洋文明の研究が進歩するに從つて、自然に又必然に其の知識は擴大するであらう。産業競爭の壓迫は次第に機械工業の採用を促がすことゝなり、竟に人口の社會的組成の上に避くべからざる影響を及ぼすに至るであらう。西洋建築と機械的利便の採用は、非常な速力て進みつゝあるが、之も加速度を以て進むに相違ない。競爭の壓迫は、交通機關として安くつく貨物自動車と普通自動車との使用を普及することゝなり、從つて道路改良の必要が益々逼迫するに至るであらう。而かも良い道路は自動車の數を增加するものであるから、斯くて兩者は互に原因となり、結果となつて進歩して行くてあらう。斯くの如きは孰れも大して努力を費すまでもなく、自然に到來すべきものであるから、從つて人民の心理も次第に經濟生活の新事實に順應するに至るものと思はれる。換言すれば、類似の經濟狀態は類似の社會的、知識的狀態を生む傾があるのである。

一方に於て、既に世界の各地に於て實驗を經たる各種の方策を採れば、之に依つて都市改良事業に對する市民の興味を增進し、市民の理解を深くすることができる。此等の諸方策の一つは、市民敎育の促進である。敎育は華々しくもなければ又一時に驚くべき結果を生ずるものでもないが、之が根本である。從つて私は各大學、專門學校に市政に關する特別講座を設け、重きを法律に失せず、特に都市生活の社會的、經濟的方面を高調すべきことを提言するものである。之と同時に、師範學校に市民及び都市の問題に關する纏まつた講座を開き、小學校、中學校に働らく敎員の養成を期すべきである。現代の市政に關する高等、初等敎科書の編纂も亦速に着手しなければならぬ。更に市政の凡ゆる問題と、之が市民の福利に對する關係とを、立派に書いた奇麗な繪入本の作製にも努力しなければならぬ。

各大學、專門學校に於ては、都市改良問題に關する最良の論文に賞金を與ふるの制度を設け、價値ある論文は之を印刷して諸學校に汎く配付すべきである。

少くも一年に一日は、學校に都市問題討論日を設くるもよい。此の際、各方面の市政專門家をして繪圖入の講演を與へしむるも面白からう。

第二に、東京市民は、都市改良問題に關する永久的協會を組織するを可とする。右の協會に於ては、小額の會費を支拂ふ市民は總べて其の入會を許すべきである。其の職分は、(一)每週一回又は每月一回、都市問題に關する討論會を開くこと、(二)市の選擧每に都市改良に關する綱領を作製すること、(三)市會議員候補者を招待して、右の綱領各項に關する意見を宣言せしむること、(四)選擧人に對し、各候補者の立場に關する聲明書を公表すること、(五)最後に市行政部の實績を調査し、以て市行政部の功罪について、會員並に一般市民に報告することとである。此の種の協會は當初の會員は少數であつても、市政問題に關する輿論を喚起し、之を集中する助けとなるものである。大體について言へば、右の協會の綱領は目下のところ、都會地域の統合、市行政組織の改造、稅制の徹底的改革、公衆衛生及び社會事業の促進及び既に成立せる都市事業計畫の速なる實施である。

第三の提案は、政治組織と其の實際とに關するものである。此の點について考慮に値する問題は、市會議員の任期四年を二年に短縮し、以て選擧の施行を更に頻繁にし、且つ絶えず都市問題に對する興味を喚起することとてある。右の變革に伴ひ、市會議員の數八十八名をずつと少數――或は四十四名若くは三十名――に減ずることも望ましい。何故ならば、大選擧區は小選擧區よりも普通適任者を選出するからてある。

之と同時に純正の比例代表制度を樹立し、假令人數は少數ても、都市改良事業に興味を有する有能なる團體が、其の頭數勢力に應じて相當の代表者を出すことができるやうにしなくてはならぬ。

選擧人に對する年齡の制度は、二十五歲から二十一歲に引下げ、又之に市會議員被選擧資格を與ふべきてある。

選擧人本人登錄制は、之を布かねばならぬ。登錄及び投票の爲めに區を數分區に分ち、登錄及び選擧に關する告示は、新聞紙上及び市の諸掲示場に公示すべきてある。

請願に依る候補者公認制度を制定し、其の公認請願書に一定數の署名者を得たる候補者は、其の氏名を投票用紙に印刷せしむべきてある。

或る日本の市政學者は、市長の選擧は、現在の如く市會に依らずして一般投票に依るべしと提議してゐるが、此の點も慥かに傾聽に値する。此の提議の根據としては、一般投票は輿論の興味を都市問題に集中し、日本の都市生活に新局面を開き、盛なる政論を喚起し、都市改良について一般の後援を得る爲めには民衆に訴ふるの習慣を發達せしめ、且つ元氣な年若き指導者を市政界に誘致するものであるとも論ぜられてゐる。併し此の問題に關する見解は歐米に於ても未だ一定してはゐない。一般投票は歐洲の慣行と言はんよりも、寧ろ米國式であつて、而かも米國に於ても『都市支配人』制を採用せる小都市に於ては、其の傾向は著るしく市會に依る選擧の方向へ向つてゐる。加ふるに市長公選は大都市に於ても、必しも滿足なる結果を齎らしてゐるとは言へない。寧ろ市長公選は、有能にして精力ある市長を得るの問題を、自動的に解決するものではないと言ふべきである。尤も米國に於て、都市の大事業を成就したる功は、明確なる改革綱要を提げて立ち、一般投票に依つて公選されたる著名なる市長に之を歸すべきものが多いことは疑ない。一般投票に依つて選ばれた市長は、一方では市會の區々たる政略に對し、他方では中央政府の繁文縟禮に對して、鞏固な地位を有するものである。兎に角此の提議は、東京市にもつと活潑有識なる輿論を喚起せむと欲する人々の眞面目に論議すべき問題である。

都市生活の現代的變革に伴ふ必然の結果は、普通選擧の確立に對する要求である。事實に於て、東京市現在の選擧法を辯護するの論據は、實際上も、理論上も、之を認め難い。若し現制が行政上の勢力を實質的資産階級に局限せむとするにあるならば、其の目的は遂せられてゐない。現在の税制に於ては、一臺の人力車又は自轉車を所有する男子は、土地、家屋、株式、公債の所有者と並て選擧權を有するからである。又若し知識の程度の低い人民を除外せむとするにあるならば、此の點に於ても失敗である。何故ならば、無智なる人力車税納税者は選擧權を有つてゐるのに、教育はあつても人力車を所有せず、其の所得が免税點以下に在る教員には、選擧權がないからである。

卒直に言へば、現在の選擧法は小心と、妥協と、無方針との混合である。廣大なる氣宇を以て民本主義を信頼するでもなければ、さりとて何等合理的に財産を擁護すべき保障をも有するでもない。加ふるに市民の義務について多額納税者の方が、小額納税者よりも優れた觀念を有つてゐるやうにも思はれない。最近の砂利、瓦斯事件に連座した市會議員は、總て小額納税者の代表者だつたわけてはない。

或は選擧權は政治上の一般理論や感情を含む問題てあつて、科學的に取扱ふべき問題てはないと思つてゐる人がある。更に此の點に關する各自の意見は、其の人の政治的敎育や傾向に依つて決定されるものてあると、一般的に思はれてゐる。之も或る程度まて眞實てあるが、併し玆に選擧政策と關聯して考慮すべき特定の事實があるのてある。第一の事實は、普通敎育や、出版の自由や、公の問題に關する言論の自由を有する現代的產業國に於て政治的民本主義運動が起るのは、何等自然現象と異るところなき、明白にして現實なる既定の事實てあるといふことてある。英國、獨逸及び米國は、既に男子普通選擧制を採れるのみならず、婦人をも含む普通選擧を行つてゐる。第二に、普通選擧は『國民的成熟』の問題てあつて、人民に其の『準備がてき』たら、何時ても布かるべきものてあるといふことは、今や多くの政治家の一般に認むるところてある。第三に、若し支配階級が無權者の成熟を餘り長く認めないてゐると、革命の危險を誘發するものてあるといふことは、歐米の實例が之を示してゐる。第四に、英國は社會的動亂を待つことなく、最近百年に亘つて着々と其の選擧權を擴張して行つた。第五に、人民の政治的『成熟』を測定する上に、大して的確な科學的基準を認め得ないといふことである。かるが故に、選擧權の問題は、之を實證的に觀るならば、問題は唯愼重に寛容な態度を示すか、或は政治的不滿蓄積の危險を冒すか否かにあると言ふことができる。是れ政治家の判斷を俟つ問題である。

素より普通選擧が自動的に何等の結果を生み出すものであるとは言へない。それ自體が善でも惡でもなく、又それ自體に依つて政治の改善と能率とを生ずるものでもない。之は單に現代産業と、一般兵役義務と、普通教育と、諸出版物との必然の隨伴者の一つに過ぎないものと思はれる。

普通選擧を採用した場合は素より、ほんの僅かの自治が許されてゐる場合と雖、もはや一個人又は一權力者の意志を以てしては、理想の目的を遂し得るものではない。多數の心意の集合――公の討論に依つて確定事項に關する積極的輿論を作ることと――を要するのである。斯くして吾等は必然に、輿論の創成と其の取締に關する手續の考慮に入らねばならぬことになる。さて東京市について輿論取締の問題を論ずるに當り、玆に論評の對象となるものは、此の問題に何等の權限なき市行政部ではなく、內務大臣直屬の官吏警視總監である。警視總監は國家の政務官である。倫敦は約一百年に亘り、僅か六七人の警視總監を迎へたるに過ぎざるに反し、東京は最近四十年間に二十名以上の更迭があつた。東京の警視總監は內閣を取つた政治的勢力の附隨員と看做され、其の任免は中央の政變に密接の關係があるのである。

警視總監が政務官であるといふのは、單に內閣の浮沈に依つて其の運命がきまるといふ意味のみではない。警視總監は刑事、建築物取締、火災豫防、消防等の職分を管掌するのみならず、社會的、經濟的學說に關する意見の發表及び論評に對し、强大なる權限を有するといふ意味に於て政務官なのである。警視廳には『高等課』及び『特別高等課』なる重要な二課がある。右の二課は次の職分を有する。

(一) 集會、社會運動、示威運動、結社並に宗教及び政治問題に關するもの。
(二) 社會主義又は勞働運動の如き社會的運動に關するもの。
(三) 勞働爭議及び一般勞働問題に關するもの。
(四) 新聞紙、雜誌、及び書籍の檢閱に關するもの。

實際の慣行上、此等の權限は屢々廣く且つ峻嚴に行使されてゐる。

惟ふに、若し現代都市行政の進歩は、公明なる輿論に繋るものであり、輿論は政治經濟問題の討論に依つて得らるゝものであるとすれば、警察力の權限と其の方法とは根本的に重要なる問題となるのである。此の問題の含む諸論點は、單なる行政論てはなくて、問題は警察力の行はれてゐる社會の性質如何と、支配階級が自己の職分や、特權や、將來に關して有する觀念如何とに依り、直接に發生するものである。若し支配階級が自ら不易の閥閲を以て任じ、民衆に對する警察の取締に依つて自己の永續を計り得べしと考へるならば警察力を掌中に收めて置かうと思ふのに無理はない。從つて彼等は自己の優越に敵するものと認むべき意見と行動とを抑壓せむと努めるのである。併し何時までこんなことができるか、それは四圍の事情如何に依る。社會關係の動き易いことは明白であるから、支配階級の安全を計る爲めに警察の取締を、果してどの程度まで峻嚴にすべきかは、常に問題となるところである。

支配階級に於て其の優越と、特權と權利とは如何にもして現在の儘に維持せむと努むるとき、彼等が主要支配機關として直ちに想到するところのものは、軍隊と警察とてある。併し若し彼等に人事の常なきを顧みるの餘裕があらば、其の賴みとする機關が、何時まで威力を持續すべきやについて、疑念を抱くに至るであらう。事實に於ても、歐米の支配階級は思想的動搖を來せる現狀に鑑み、既に彼等の優越と、特權と、權利との永續性について、多少の疑惑を抱くに至つた。彼等は多く其の一部を放棄して殘部の保持に努めるのである。

事實について觀るに、英米に於ては所謂自由思想家の間に一派の社會思想家が生れ、警察官は支配階級の友ではない、却つて民衆に不要の激昂を惹起する、最も危險なる敵たらむとするものであると信ずるに至つたのである。此等の思想家の意見に依れば、犯人逮捕を掌る人々は、其の資性も、教育も、一般に素養が甚だ貧弱であるから、一見異端邪說と思はれるやうな社會的、經濟的意見を抱懷するが故を以て告發さるゝ人々を處理するに足りない。警察官の思想抑壓の努力は、現在の社會制度に對する惡感情を鎭撫するどころか、却つて益々之を釀生するものであるといふのが彼等の信ずるところである。警察の思想取締なるものは、社會的安定と、秩序的進步とに危殆を生ずる。之に反して、言論出版の自由こそ、有毒危險なる空想を放散せしむべき安全瓣である。

自由派の先達は亦次の如く世に問ふてゐるが、之も相當世の視聽を惹いてゐる。曰く『若し市民は新思想や、新計畫や、新運動を興してはならぬと言ふならば、敎育や、新聞や、雜誌や、圖書館や、科學協會は何の要か是れあらん』と。自治制と言へば輿論は必ず附物であるから、假令最小限度の自治なりと雖も、苟も自治あるところ、輿論取締は絕對に矛盾するといふのが、彼等の論據である。米國に於ける婦人參政權反對論者が、時として言へるが如く『女に讀み書きを敎へたのが根本の誤りだつた』のである。同一の筆法は暴力の手段に依つて意見の發表を抑壓せむとするものに當てはまる。

思想の自由に關する『自由派』の見解は、多年英米の地を風靡し來つた。是れ英米法の基礎である。戰時中を除く外、英米には檢閱制度がなかつた。人民は豫め警察に屆出てなくとも、自由に集會を開いたり、意見を公表したり、政府を批判したり、現在の社會制度を攻擊したり、其の見解を刊行することができたのである。但し誹毀罪を犯したる場合の責任は別である。誹毀罪の場合に於ては、被告は普通の陪審裁判を受け、其の有罪、無罪は十二名の市民より成る陪審官が之を決定するのである。

現實的に政府に對する暴動を煽動し、或は私人に對する誹毀罪を犯さゞる限り、演說者及び出版者は、其の意見の公表に對して刑事上の責任を負はない。

然るに世界大戰中に於ては、英米兩國とも猛烈なる「騷擾煽動法」を發布して、過激なる意見の發表を取締り、警官と人民の間に放つて、集會を停止し、演說者、出版者を逮捕し、自由に之を收監するを得ることゝした。換言すれば、大陸の慣行が英語國全部に採用され、以來四年の間續いたのである。今や其の反動の潮は流れ始め、思想の檢閱や抑壓は危險不利であるから、警察權の活動は普通の犯罪防止、交通整理、其の他類似の事項に之を限定して、社會的經濟的意見の穩健なりや否やについて、微妙なる辨別を要する如きものは權限外であるといふ、古來の見解に復歸するの兆候が見える。

勿論日本の社會事情は英米と趣を異にしてゐるから、東京市には又別個の警察制度を必要とするとも言ひ得る。或はさうかも知れぬ。從つて私は此の點については何等の建言をなさない。唯此の問題全部について、學理や感情に訴ふることなく、自然科學の精神を以て研究すべきことを提言するのである。右の研究は必然に、他の諸産業國の實例や、日本の古代史の檢討に進むてあらうと思ふ。

此の問題に關する科學的研究を行ふに當つては、次の諸問題が適切なものてあると思はれる。一般に警察官は、演說や、印刷物の含蓄する危險性の程度や、性質を鑑識するといふやうな、微妙な仕事を學るに足る判斷力を有する人々てあるか。

公の秩序に急迫の危險ある場合を除き、勝手に警察權を振廻す結果、民衆の間に生ずる感情は親みてあるか、怨みてあるか。

政府の思想檢閱及び抑壓に關する他の諸國の歷史は如何。

他の諸國の警察は、現存制度に對する反對意見の抑壓に成功してゐるか。若し然らずとせば、其の理由は何故か。

警察は一體選擧干涉に利用すべきものてあるか。

未然に行ふ檢閱の方が、事後の法律違反罪處罰よりも、安全にして有效てあるか。

第九章　東京市及び東京市民に對する事業計畫概要

狹義に於ける行政調査は、市行政部が從來の管掌職分を果たす爲めに採用してゐる組織方法の調査を終へたるときを以て、完成せるものと看做すことができる。假令其の市の行政制度は、現代社會の都市政廳の普通管掌する職分を、僅か一部しか有つてゐないやうな場合と雖も、それは技術的に正しいものであると觀ることもできる。例へば市民の爲めに、上水道や、電燈や、下水道の設備を設けぬ市行政部と雖も、警察の取締や、消防や、塵芥處理といふやうな、現に管掌してゐる職務は非常に手際よく行ふかも知れない。そこで都市行政專門家の中には、自分達の仕事は、市行政部の掌るべき職分如何を決定するにあるのではない、唯之までの管掌職分の科學的執行方法を考案するにあると、主張する者があるのである。

併し事實に於ては、現在掌れる職分と、本來掌るべき職分との間に分界線を劃することは容易ではない。何故ならば、現在の職分を有效に遂成する爲めには、時として新たなる職分を掌るの必要が起るからである。事實職分なる語自體の內容が絕對ではない。如何なる職分も其の細目に亘つて、之を極度まで押しつめれば、無限に擴大するものである。例へば交通の中には住宅、衞生、生產能率、租稅等のことが含まれ、公衆衞生の中には住宅、交通、租稅等のことが含まれてゐる。從つて市行政部の現に掌れるものと、本來掌るべきものとの間に、單なる研究上の分野を立てゝみても、事實に依つて檢査すれば、此の分野は全然崩壞してしまふのである。如何に冷靜なる『能率專門家』と雖も、『現にある』ものゝ研究を以て終止することは不可能である。必然に『何であるべきか』と問はざるを得ない。彼れ自身の科學が――若し彼にして科學的ならば――此の問を强制するのである。

併し、市行政部の本來なすべきところのものを決定するについて、其の基準は何であるか。都市には鋪裝街路と、下水道と、遊園地とがなくてはならぬといふか。總べての都市に之があるわけではない。それでは何故或る特定の市が之を有たねばならぬのか。市行政部の目的は如何。何人が、或は何物が、之を決定するのか。何が優劣の標準となるのであるか。

此等の標準の中には勿論道德的及び審美的なものもある。尚ほ他にもつと實際的で、生命身體の安全を欲するより生ずるものもある。更に又恐怖より生るゝものもある。――卽ち或る種の行政職分を怠るときは、市內に危險なる不滿を生ずるかも知れないといふ支配階級の恐怖である。

此の外に環境の必要に迫らるゝものもある。何故ならば、第一章に指摘せるところの如く、近世文明は孰れても應ても、產業中心であ。そして產業は都市のものである。從つて都市行政は生產有機體として觀たる社會の能率の上に根本的關係を有する。そして此の關係上、一定の職分が市に課せらるゝことになるのである。例へば、工業勞働者の生產能率は、住宅、交通、運動、市場等と必至の關係に立つものである。更に商工業者の生產費は、市內の運搬費、道路狀態、交通整理等の諸要因に依つて騰落するのである。茲に於てか、東京市の行政政治組織の硏究は、自ら廣義に於ける或る種の事業計畫の作成を誘致することゝなる。吾等は茲に問を發せざるを得ない。

「東京市及び東京市民の前に橫はる大事業は何であるか。直ぐ差迫つて社會の注意を向くべき事項は何であるか』と。

此等の問題に答へむが爲めに、茲に次の如き一般的事業計畫を提出する。勿論單なる概要に過ぎず、其の細目に至つては、諸方面の有識なる專門家を俟つて始めて充たし得るものである。之は既に廣汎なる計畫を樹てゝゐる市長、助役諸君の爲めに掲ぐるものではない。東京市民に對して獨立に一個の概要を提示し、都市行政の當面する諸問題と諸難點とに關する概觀を與へむと欲するものである。

此の計畫を論理的順序に列擧するならば、第一に取扱はねばならぬのは、東京市の政治行政組織の完成のことである。併し此の問題については、前數章に述べ來つたる一般的建言を簡單に摘要すれば足る。次の如し。

一　都會地域を中央政府直屬の一都市政廳の下に統合し、職分別體系に從つて市行政部の編成を改むること。(第二章及び第三章)

二　主たる負擔を不動產稅、特に地租に歸せしむるやう稅制を改革し、下水道、地下鐵道並に街路鋪裝につき特別賦課制を適用すること。新不動產稅は科學的評價方法及び科學的登記方法に依ること。豫算制度の細目を改善すること。(第

四章）

三　購買方法及び人事行政を改善すること。（第五章及び第六章）

四　都市問題に關する公衆の興味を助成すること。（第八章）

さて次に、概要の第二部としては、此の市行政部の組織に依つて達成さるべき職務又は職分を取扱はねばならぬ。

第一　下水道の完成

何よりも先に下水道の急速なる擴張が必要である。其の必要は次の理由に依つて絶對的である。上水道の新擴張工事の方は今や完成に近づき、千九百二十四年の夏までには村山新貯水池が活動を開始するから、現東京市域内の全住民に對し、一日一人當約四十ガロンを供給し得るに至るであらう。加ふるに市の境域が擴大して新管を必要とする場合、之が供給力增大の計畫も目下進行中である。然るに現在の屎尿處分方法は、單に衞生上有害にして危險なるのみならず、之を肥料として使用する郊外地方まで待つて行くには長途の運搬を要する爲め、今や經濟上の重荷となりつゝある。下水道擴張計畫の經費を算定する際には、現在の此の屎尿處分費を資本に還元して勘へなくてはならぬ。　下水道は現代都市の衛生計畫を執行する上に絶對に必要である。

既に東京市の技術者は、現在の東京市及び大東京の下水道に關し完全なる計畫を樹てゝゐるし、又下水道工事及び下水處分に關する最新の方法を見出す爲めに、歐米の實情を視察すべき技術者の委員會も任命されてゐるのである。既に淺草及び下谷の一大地區には下水道が完成してゐて、三河島には英國マンチエスターに倣へる下水處分工場が設けられてある。　他の一地區についても既に下水道工事の許可を了し財源も充當されてゐるから、此の事業も充分緒に就いてゐるのである。更に殘餘の二地區に至つては、設計は既に終つてゐるけれども、財源がまだ見つからない。併し假令財源があつても、現在の工事進捗の具合では、完成までには十年以上を要するであらう。

現在採用してゐる建設工事方法は現代の工學技術から觀て批難を免れぬ。　掘鑿も、打杭も、塡穴も皆舊式な人手に依る方法でやつてゐるが、之は西洋では半世紀も前に廢れた方法である。　尤も東京市の道路は大低狹隘で、此の方法しか用ゐられないといふこともある。併し他方に於て現代式の機械掘鑿、打杭、塡穴を行ふに充分の幅員ある道路も可なりあるのである。此の現代式方法を採れば次の如き重要な結果が實現し得る。

一　建設工事期間は數個年短縮し得られる

一　工事中及び設計中の建設費は僅かに豫定額一億六百萬圓の少くも一割を減じて、約九千五百萬圓とすることができる。若し政府が第四章に述べたる原則に基き、其の經費を分擔し、又若し特別賦課の原則をも適用するならば、之に關する財政問題は一擧にして解決し得られるものである。

第二　交通機關

東京市の交通組織がまるでなつてゐないといふことは、一々事實を擧げて茲に之を證明する必要はない。市の住民は誰でも熟く知つてゐることである。路面電車の混雜することや、電車に乘らむとて街頭に立ち騷ぐ有樣は、是れ皆衆知の事實にして、本報告書に更めて數字的例證を掲げるまでのことはない。尤も運轉系統の變更に依つて、多少混雜は緩和されるであらうが、併し此の混雜の大勢には、さして影響はあるまい。前にも述べた通り、地下鐵道こそ東京市唯一の望である。

東京市とは全然沒交渉な私設會社として、地下鐵道が四つも特許を受けてゐるが、斯かる政策は第七章に述べたる理由に依つて、大いに批難に値するものである。出來るならば斯かる特許は之を取消し、交通機關の問題は東京市の都市計畫及び住宅計畫の一部として之を處理すべきものである。總べて地下鐵道を建設する場合には特別賦課の原則を充分に適用して、之から生ずる利益は總べて市全體に歸せしめるやうにしなくてはならぬ。

若し東京市の財政的地位にして充分强固ならば、自ら地下鐵道の建設を試みてもいゝのである。併し事實はさうではないのであるから、此の問題最善の解決策としては、上記の通り（第七章）紐育市の既に試みたる方法に倣つて、市と私人資本との共營に依るべきである。

第三　道路掃除
東京市の道路掃除、撒水及び塵芥の搬出については、行政方法上も機械の應用上も未だ原始的段階に止まり、現代的經營の端緒は漸く曙光を見るに過ぎない。第一、仕事の地理的分散主義に依つて、仕事を區吏員に委ねてゐるが、其の爲め一般に能率は擧らず、區に依つて仕事の出來榮へが甚だ區々である。如何に中央檢査制度を設けても、此の方法固有の弱點は超服できない。

此の問題の解決は次の手續にある。

一　數年前紐育市に於てウエーリング大佐の案出せる方針に依り、制服着用の道路掃除隊を統一的に創設すること。右の掃除隊の活動は必要に從ひ各區に分配すること。

二　新たに規則を設け、各世帶主をして塵芥をば(イ)灰、(ロ)木、紙其の他の燃性物、(ハ)厨芥の三種に分たしめること。二個月の訓練期を置き、其の後本規則に違反せる戶主には罰金を課すること。

三　灰、厨芥用の現代的容器を備へ、又蒐集運搬には現代的運搬車を用ふること、

四　鋪道には廣く掃除機械を用ひ、且つ絕えず之を使用して鋪裝を保護し、同時に通行人及び車馬の便を計ること。

五　道路撒水の爲め廣く撒水自動車を用ふること。撒水は小量づゝ頻繁に行へ

ば、大いに公衆の快感を增進することゝなる。

六 塵砂止めとして油及び鹽化加里を使用すること。

七 不行屆な通行人が、絶えず街路に投げ捨てゝゐる紙屑や其の他の廢物を容れる爲めに、雜閙街の角に屑籠を設けること。

八 廢物處分の方法について市民敎育の運動を起し、少くも一年一回づゝ「清潔週間」を規定すること。「清潔週間」中は、市民一齊に無用の屑物を處理し、市は之を搬出する爲め、運搬車を給することゝする。之は二重の目的に適ふ。卽ち一は醜惡にして燃え易い物質の處分を促し、以て火災を防ぎ、市の美觀を增す一助となることである。同時に又廢物處分の方法について、市民を敎育する所以ともなるのである。

九 東京市の必要に適合した有效な制度が發達するまでは、現在の廢物處分に關する研究と實驗とを繼續すること。

第四　鋪裝政策

道路鋪裝の問題ほど一般人士が自信を有ち、而かも實力之に伴はざる問題はない。無鋪裝街路に泥穴を見つけて、其の應急修理として**アスフアルト**或は**コンクリート**

の上敷を提案する如きは誰にもできることとである。加ふるに東京市に於ては急設修理適用の急は益々増大しつゝあるやうである。幅員一間以上の國道、府道、市道を見るに、千九百二十一年十二月三十一日に於て其の延長は六百十三哩二、總面積は二百七十三萬四百七十六坪に該る。而かも現在鋪裝されてゐるのは四哩三に過ぎず、内主として木塊に依るもの二哩八、**アスフアルト**又は**コンクリート**一哩五てある。

雨天の日には無鋪裝の街路は薄泥て蔽はれ、時には踵に達せむとする。通行人殊に立派な西洋都市の鋪裝街路を知つてゐる者は、不平を鳴らして市の行政部を批謗する。著々として其の數を增しつゝある自動車と貨物自動車との所有者は、通行人の苦情に聲を合せる。天氣が惡いと、事務上も社交上も東京市の全生活は唯泥濘の爲めに、さながら徐行の體てある。天氣が乾くと街路は塵埃の砂漠となり、或は不用意な撒水の爲めに泥溜の行列となる。斯くして現代的な木塊、**コンクリート**或は**アスフアルト**の鋪裝を速に建設せよといふ叫びは、日に日に盛となるのてある。此の叫びは有理てもあり、又當然てもある。されはこそ、市の技術者は將來十年間に亘り、道路建設費として、數百萬圓の經費を要する計畫を立てたのてある。

併し東京市の道路改良事業の發達に興味を有する人々は、次の諸事實を考慮に入れておかねばならぬ。

一　市行政部は今や下水道建設事業の急を控へて居る。下水設備の供給があるのは東京市の一小部分に過ぎない。下水設備のない部分に高價な鋪裝を行つて、二三年の内に復た下水管渠埋設の爲めに之を掘り返すのは、金のかゝる愚擧てある。之に關聯して留意すべきは、東京市の街路が電燈、電話、電信の電線と電柱とて塞がれてゐて、醜くもあれば危險でもあるし、又交通を妨げるといふことてある。何時かは此等の電線は地下に埋設しなければならぬ。而かも之が好機は下水道工事の爲めに街路を掘り開くとき、即ち道路鋪裝と歩道建設との前てなくてならぬことは明らかてある。

二　東京市の地勢と、土壤と、地盤とは、道路工事者に非常な困難を課するものてある――少くとも冬季を市内に過し、且つ種々の天候狀態の下に之が觀察を行へるものにあらざれば此の困難を眞に了解することはてきない。――市の一部は今尚ほ海面より低い埋立地て出來てゐる。山の手方面には起伏の多い場所が澤山ある。

大部分の土壤は礫と、瓦や煉瓦の破片と、幾世紀か堆積せる石屑とを混入せる肥土より成つてゐる。小砂利を奇麗に一吋以上の厚さに敷いても、數個月に亘る人車の往來は之を壓して泥下に埋沒してしまふのである。大低の場所では三呎から五呎位の深さで水脈に達する。――或はそれより淺い所すらある。此の狀態は、**ニユ・オルレアンス**に見る如く、新たに下水道の設備を設ければ根本的に變更し得るに違ひない。

三　東京の氣候も亦道路建設者に困難を與へる。卽ち大氣が濕氣に富むでゐるのである。一年を通じて多量の降雨と霜雪とがある上に、炎暑の旱天も長い。地面が可なりの深さまで凍ることはあまりないが、併し時としては建設技師に困難を與へるほどの深さまで凍ることもある。

四　東京市には幅員一間未滿の道路が相當ある。それが何哩になるか、數字が得られぬから誰にも判らない。道の片側にさへ歩道のつけられぬ位狹い道路も多い。

五、東京市の地勢、土壤、氣候及び設計から生ずる此等の問題に加ふるに、重大なる經濟問題がある。近世の鋪裝には經費がかゝり、屢々費用上實行不能に陷る位である。然るに鋪裝は沿道不動產の價格を騰貴せしめ、其の不動產の賃貸價格を增加するものである。英米兩國の多くの都市に於ても、熱心なる都市計畫者及び都市改良家は經費のかゝる道路の建設を敢行したのであるが、建設費と維持費との關係上其の沿道の地代と家賃とは暴騰せざるを得ず、下級中產階級や勞働者では、到底之を支拂ひ得ざるに至つたのである。從つて經費のかゝる道路改良事業に着手するには市理事者は豫め其の土地の住宅及び營業の狀態を綿密に調査しておかなければならぬ。

東京市に關しては上記の事實の外に、歐米に於ける道路事業の歷史について、二三の事實を回想するを可とする。

一　第一に記憶すべき事實は、歐米に於ても、何等か根據ある有力な批難を蒙らぬやうな鋪裝方法は、未だ發見されてゐないといふことである。仕樣書や建設の方法は最近數個年の間に著るしく進步したにも拘らず、金のかゝつた鋪裝でも、結果は屢々失敗に終り、技術者は今尙多くの論點について議論を戰はしてゐるのである。此の事實は英米幾千哩の鋪道に車を驅り、又步を運び、且つは各種の鋪道につき、各自の長所と短所とを擧げたる多數最近の專門論文論說を讀破して、始めて解かる事實である。近頃のことであるが、木塊鋪道工事の擔當者として有名な巴里の技師チユール氏は、告白して曰く『どんな道路でも、場合に依つては水を吸ひ込むで膨れないとはいへないが、之を豫測することは事實上不可能である』と。尤も之は純正科學の言ではない。

二　さりながら實地並に研究室內に於ける多年の經驗と、廣汎なる科學的實驗の興るに伴ひ、今や仕樣書や、材料や、建設の方法に關する妥當なる知識が、一體をなすに至つたのである。多くの原則が既に確然成立してゐるのであるから、之を無視することは災害を誘致することになる。

三　鋪道建設の工事費は、僅に經費の端を開くものに過ぎない。何故ならば、如何に立派な鋪道と雖も、最も有利な條件に於て、而かも其の維持費は多額に上るからである。其の維持についても、建設工事に要すると同一の實際的技能を要する。

上記の諸事實に基づき、茲に謹むで左の提案を、東京市の當局及び市民に呈する。

一　帝國道路試驗所を設け、道路材料、土壤及び建設方法試驗の爲め、最新の設備を具ふること。右の試驗所は、從來歐米諸國の成績に鑑み之を設くるものであるから、結局國家と諸都市との出費を夥しく節約することになるであらう。又右は日本の事情に適應せる科學的仕様書の發達に資するものにして、科學の光は鋪道建設の上に隈なく遍照するに至るであらう。右の試驗所は目下計畫中である。

二　米國の諸都市は、道路建設について各種の方法を採用してゐる。市が直營する場合もあり、或は一人乃至數人の請負業者に託する場合もある。或る場合、鋪装は市之を建設する。斯くして競爭の要素を採用し、其の結果建設方法の改良を來してゐる。茲に於て提案したいことは、東京市が現在の直營建設方法を繼續するのもよいが、之と共に經驗ある歐米請負業者の援助を求め、市の技術者及び工事係と競爭せしむるを可とするといふことである。此の點は市當局者の注意を喚起する爲め特に力說する次第である。恐らく現在の東京市にとつて、經驗ある外國道路建設業者を利用する位重要なことはない。彼の偉大なる巴里市も現代的鋪道建設の初期に於ては、英國の請負會社を聘したものである。東京市が佛國の首都以上に自ら誇負するの必要はない。併し右の請負會社に仕事をやらせる場合には、仕様書の作成や、建設工事の監督や、不出來の工事に對する相當の保障規定を設くること等について、最上の注意を要する。

東京市は既に銀座其の他の地點の木塊鋪道について苦い經驗を嘗めてゐる。又日比谷公園前面のセメント道路の如きは、設置後數週間を出てずして步車道境界石を扛上するの必要に迫られた。此の缺陷の原因を決定するには、科學的調査に俟つの外ないが、木塊の油充塡が適當でなかつたこと、建設工事に缺點ありしこと及び木塊鋪道の必要に應ずるやう街路の撒水が行屆いてゐなかつたことに因るやうに思はれる。從つて市の當局者及び大道路の建設に興味を有する市民の一考を煩はす爲め、茲に上の提案を主張すべき充分なる理由があるのである。

三　東京市の或る場所では木塊鋪道と交叉街路とが、步道より高くなつてゐる。或は步道が沿道の建物の方へ傾斜してゐる場合もある。斯かる狀態は、一部は不規則なる舊式建設法や、近世の科學的實測法の採用を遲延せることに基づくものである。市の道路局は今や之が改正に努めつゝある。

四　東京市に於て普通の砂利敷き及び道路修繕に用ふる主要材料は、小砂利と土砂と石屑と泥土との混合物である。單に此の材料を路面に撒布して、厚い上敷を造つたり、車轍の跡や、陷沒個所を補綴したりするに過ぎない。

歐米二百年の經驗は、此の材料と此のやり方とを强く斥けてゐる。**コンネテカット**州の道路局長**チヤールズ・ジエー・ベネツト**氏は力說して曰く、『水締碎石道路の建設に用ふる石の性質と品質とは最も重要なものである。使用する石は次の三特點について優秀なるを要する。卽ち車輛、蹄鐵及び石塊相互の摩擦作用に依つて生ずる損傷に耐え得べき硬性を有すること、交通より生ずる震動又は强打に堪ふる堅牢性を有すること、及び部分及び組成分子を結合する接合的價値を有し、外殼をして成るべく單石化せしむるものなること、是れである。**トラツプ**岩、花崗岩及び石灰石が最も普通に用ゐられてゐる。』

米國都市改良協會は、最も正確に道路石材の特質を限定して居る。『道路に使用する碎石は、總べて汚れなく、粗面にして銳角、且つ石質密にして石理一樣なるべし。』

加奈陀土木協會の次の規定の如き、其の言に何人も疑點を挿むを許さぬ。曰く、

『道路用の碎石は成層岩又は大玉石を機械力を以て、各種の形狀及び大小の碎片に

なしたるものなるべし。柔軟又は脆弱なる物質は、重量一割以上を含むべからず。組成分子に泥土の上敷あるもの、或は尖端の磨滅せるものは之を採らず。」

砕石道路の成功が繫つて次の四點にあることは、既定の事實である。(イ)土壤の性質に適合せる基礎工事、(ロ)成規の石質、大小、形狀を有する砕石、(ハ)強碾壓に依り材料を統合又は結合せしめ、實質的外殼を作ること、(ニ)外殼を平滑且つ頑丈にする爲め、絕えず維持に注意することと、是れである。

上述せるところは歐米の技術的經驗に基くものであるから、現在東京市は道路に砂利と、土砂と、泥土とを用ひてゐるが、斯かる方法は極力批難すべきものである。こんなこととては良い道路は作れないと共に、時間と金との浪費である。直ちに之を捨てゝ、歐米の慣例を採用すべきである。

五　下水工事の完成と現代的鋪道の建設が完了しないうちは、現在の道路の維持に、もつと注意を拂はねばならぬ。攪土、不陸直し、輾壓機使用、及び砕石と油の使用に依つて現在の道路は今よりはずつと良くなる。或る道路はイリノイ州の『黑土地方』の道路と略同密度であるから、イリノイ法に從つて、道路の濕つてゐるとき、之を

「曳き滑らす」方法を試むべきてある。

六　道路の撒水は、改良道路なると否とに拘らず、之が維持存續に密接の關係あるものてある。從つて此の問題について、東京市當局の一層周到なる研究を提案する。

七　歩道の建設並に通行人の歩道使用については、一層の注意を拂ふを要する。歩道は、健康上戸外運動を容易にし、商業の便を增し、社交を促進するものである。加ふるに乳母車が使用し得るに至るを以て、母親の肩を休めることゝとなる。

第五　街路及び交通取締

土地評價の修正に關聯して、街路の命名及び住宅其の他建物の番地方法は、全然之を更めなくてはならぬ。此の點に於て東京は、啻に歐米の如何なる都市にも後るゝのみならず、一千百年前立派に計畫された舊き都の京都にすら劣るものてある。さう言はれても仕方がない。東京の街路には全然名稱がない。街區(町)に名を附し、總べての宛て先は町名を附するのである。建物の番地番號には何等の系統なく、無茶苦茶に附けてあるかち、同一番地番號に二以上の家があり得るのてある。貨物自動車や、配達車や、荷車が、或る住宅や、事務所や、店舗の所在場所を探す爲めに巡査や、古くからの居住者や商店に尋ね廻つてゐる間に幾千時間といふものが毎日浪費されてゐるのである。

紐育の如き歐米都市の交通取締方法を目撃した人は、東京市の街路の全然無秩序な狀態には、蓋し愕目するであらう。通行人は道路どこでも構はずに横行する。路面電車を待つてゐる間、彼等は屡々電車線路から歩車道境界石まで塞いでしまふ。自動車の運轉手は、電車昇降客の群る眞つ唯中に、猪勇を振つて無茶苦茶に突進するのである。市内に建築を行ふ建築者や、木材や石材や、セメント等の建築材料、果ては屑に至るまで、傍若無人に歩道や街路に積み重ね、通行人や馭者の迷惑と危險などは何等顧みないのである。要するに非常に群集する中心地を除けば、東京市は農村と人力車牛車とに適切な交通取締を有するわけである。

自動車の增加に伴ひ、斯かる狀態は身體生命の上に非常に危險なものとなるだらう。現代的交通取締方法の採用及び自動車の運轉手と通行人との教育が、一日速ければ速い程、それだけ市民の愉悅、安全と、交通の敏活とは增すわけである。科學的交通取締方法は、都市の實業能率の基本部分である。何故ならば、是れ安全を保障する所以なると共に、貨物及び乘客運輸の簡捷を來たすべきを以てゞある。

此の理由に依り、歐米大都市に於ける交通整理について、特殊の研究を行はなければならぬ。民衆一般に相當の告知をなし、且つ民衆敎育運動を行ひたる後、土地の必要に適すべき交通取締法を實施しなければならぬ。同時に民衆敎育事業に從事する交通道德會に對しても、援助を與へなくてはならぬ。

第六　美術委員會に依る建築物取締

警視廳は火災事故減少の爲めにする、科學的防火事業及び建築物取締については長足の進境を示してゐるが、一方美觀上については、何等統一的なる公私建築物の管理は行はれてゐない。形式上、精神上西洋的でもなければ東洋的でもない種々の醜惡なる畸形兒が、方々の地區に現はれて、帝都の美觀を損ひつゝあるのである。今こそ舊日本と新日本との名に於て、之に停止を命ずべき秋は來た。此の問題の解決は素より至難い業であつて、總べての利害關係を滿足せしむるやうな解決法のないことは勿論である。併し組育の實例の示す如く、美術委員會を起して、之に記念的營造物其の他建造物の計畫設計を審査せしむれば、何かの爲めになるであらうと思ふ。

東京市に於ても、全國民を代辯すべき帝國政府の代表者と、帝都の市民を代辯すべき市政廳の代表者とを以て如上の委員會を設くべきものである。

第七　社會事業

後藤子爵の在職中新社會局は、前田助役の指揮の下に、普通、進歩的社會政策と稱してゐる種々の施設を採用して此の方面に長足の進歩を示してゐる。職業紹介事業は擴張されるし、勞働階級に對する模範的共同家屋及び市營住宅、託兒所、簡易宿泊所、新運動場は新設せられた。**エルバーフエルト**案に倣つた方面委員制度の擴張、其の他各方面の社會事業は、孰れも頭のいゝ計畫と熱心なる實行とを示して居る。金に困つてゐる市吏員に對して小額貸附を行ひ、以て金貸業者に對抗するの制度は千九百二十三年其の創立を見たのである。

公園、運動場及び住宅の問題については、夙に市理事者の認むるところの如く、大いに建設的施設を必要とするものがある。右の內公園及び遊園地に關しては、次の資料と提案とを提示する。

現在東京市總面積中、公園用地は其の一**パーセント**八九を占めてゐる。而かも芝、日比谷、上野の三大公園が公園面積の大部分を占めてゐるのである。市内の密住地區たる本所區及び深川區に於ては、千人に對し其の死亡率二十五名――全市最高――に上つてゐるが、此處に於てすら公園用地は地域の〇・三九パーセントを占むるに過ぎぬ、死亡率二六人五五を有する本所區には、實際上全然公園がない。市全體として見ても小公園、休息空地及び運動場は驚くべき缺乏を示して居る。

公園問題を解決するについては、二つの根本問題が起る。第一、市總面積の幾割を以て公園用地に充つべきか。第二、公園敷地は如何に市內に分布すべきか。

米國の二專門家が、都市計畫に關聯して右の第一問を綿密に研究したる結果、公園は市內の總べての家庭から徒步で容易に達し得らるゝ距離に、各一個所づゝ設けなくてはならぬといふ原則を立てた。卽ち實地に適用すれば、都市の總面積の五乃至十パーセントを公園敷地とし、總ての家庭より四分の一哩の距離內に必ず一公園を設くべしといふことになるのである。

此の原則を東京市の密住地區に適用すると、市行政部に非常な經費を課することになるであらう。併し先づ殆んど一の休息空地もないやうな地域に小公園を設けて、其の端緒を開くことはできる。此の事業の重要なることは、既に市行政部の認むるところとなり、調査課は今や公園問題に關する徹底的研究に從事してゐる。

本事業については、市の住宅計畫の進展と密接なる聯絡をとらねばならぬ。若し市有地若くは私有地にして、低地又は濕地あるときは、之を埋立てゝ公園敷地とすることもできる。市內の或る地區には、海面以下の低地に大分貧民窟がある。此等の地區から居住民を移轉せしめ、之を埋立てゝ商業地となさむとする計畫は既に出來てゐるが、此の計畫に關聯して公園敷地取置の件を周密に考慮しなければならぬ。又河岸の間地の或るものは、僅かに小公園敷地に利用し得るものである。

大東京計畫を進むるに當つては、郊外地に小公園敷地を取置くやう周密の注意を要する。丘や谷の起伏してゐる地面は、よく調べて之を測圖しおかねばならぬ。此等の地面は建築用として價値あるものではないから、比較的安價で公園敷地に取置くことができる。尙は町に併合せる新建築敷地の中五乃至十パーセントは之を公園に用ゐ、總ての家庭から容易に歩いて行ける位の距離に夫々休息空地ができるやうに、之が分布に注意しなくてはならぬ。

公園系統と關聯して、多數の運動場を設けなくてはならぬ。特に市の密住地區について然りてある。成長盛りの兒童にとつて、健全なる遊戲の大切なことは、茲に論評の要を見ない。此の方面の兒童生活は、世界の大都市何れを見ても、まだ充分に認められてゐるとは言へないが、此の點についても、東京市は最も進歩的な都市に追つ付かない。

住宅問題については、東京市は既に模範住宅を少し建てゝゐるが、之てはほんの一小部分の需要にしか應じきれないといふことは、衆知の事實である。東京市は歐米の實例を參酌して、他に計畫を樹てつゝあるが、之は最劣の貧民窟を除かむとする計畫て、此の場合住宅を失ふべき人々の爲めには、取拂前に豫め住宅を供給してゆくやうにてきてゐる。

歐米の實例も大して豐富てはないのに、尙ほ此の方面に多大の激勵を與ふるものてはない。東京市が住宅難に惱みつゝあるのは、歐米諸都市の多くと同樣てある。東京市當局者は此の事態に應ずる要素として、土地の重要なることを充分に認めたので、政府に對して土地增價稅の徵收權を申請した。彼等は又密住地區の土地を買収し、貧民窟を取拂ふには、多大の經費がかゝるといふことも熟く知つてゐる。密住の緩和については、交通が根本的關係を有することも充分承知してゐる。併し東京市の貧民窟狀態の中には、殆んど忍び難きまでに非道いものもあるが、此の際正面から經費のかゝる取拂を以て臨み、結局問題の根柢を突かぬやうな結果に陷る位なら、寧ろ西洋の實例に照して進むだ方が、慥かに賢いやり方である。

此の場合密住の弊を除くについては、嚴重な住宅取締を以て豫防するのが、慥かに一つの重要な方法であることは、他の多くの都市改良事業に於けると同樣である。東京市郊外地では多く地區に、狹い道路や小路に沿ふた密集的住宅建築が急激に發展し、市内の或る部分に行はれつゝある弊害を、此處に亦再現してゐるのである。右については、郊外地に標準的都市計畫を施行すれば、直ぐに阻止できるものであるが(一一頁參照)此の種の手段は第二章に述べたる如き、都會地域統合案の運命如何に繫るものである。

併し乍ら課税と消極的取締とでは家は建たない。實際の建築には資本と精力とを要する。然るに住宅に關する東京市の金融事情を觀るに、小住宅建築者に對しては、建築組合又は貸附組合の如き便宜がないのである。之を以て私は玆に住宅問題解決法に附帶して、私人建築主に對する金融の途を講じ、普通の金貸業者の苛酷なる手段を免るを得るの方法手段を研究すべきことを提案する次第である。之は上に提案したる補助貸附計畫に關聯して行ふもよからう。

一方行政組織の上より觀るに、若し第三章に提案せる一般的統合が行はれたるときは、社會局全般に亘る組織改造の必要の生ずべきことは明らかである。然るときは、現在養育院の行ふ事業、並に財資乏しき市民に對して慈善を施したり、金融の補助を與へたりする一切の機關を、市行政部內の一局に統一するの可否について、根本的な問題が起るであらう。

第八　公衆衛生事務

之は專門に亘る廣い分野であるから、素人としては之に踏入るのに聊か躊躇する次第である。併し玆に東京市の衛生狀態に直接の關係があつて、而かも何人も否定すべからざる事實がある。即ち次の如し。

一　東京市に於ける千九百二十年の死亡率は二一人八一であつた。

本郷區死亡率　二五・五一
本所區死亡率　二六・五五
紐育市死亡率（一九一九年）　一二・三九
リヴアプール市死亡率（一九二〇年）　一六・四

二　凡ゆる豫防策を講ずるにも拘らず、東京市は定期的にコレラの襲來を蒙る。最近のものは千九百二十二年十月である。

三　上記第三章)の如く、東京市の衞生機能は重複してゐる。何故ならば、市、府及び警視總監が、各々公衆衞生の保護の爲めに、廣汎なる活動を行つてゐるからである。

何故に東京市の死亡率は、リヴアプール或は紐育に比して、ずつと高いのか、其の理由に至つては最高級の專門問題を含むものであるから、公衆衞生の專門家にして始めて答へ得るところである。併し乍ら、嘗て紐育衞生局長の言へるが如く、『公衆衞生は金て買へるものであつて、自然の制限に服する外、社會は自由に其の死亡率を決定し得る』といふことは、既定の事實である。事實に於て、今より半世紀以前、紐育衞生局なるものが設立されて以來、其の死亡率は千人につき約二十八人から、千人につき約十三人乃至十四人に減少したのである。東京市に於ても、公衆衛生施設の發達に依つて、最も組織の整つてゐる歐米都市の死亡率まで、其の死亡率を引下げ得ないといふ理由は少しもない。

併し死亡率が公衆衛生問題唯一の案件ではない。疾病者數の減小、一定疾病の根絶並に家庭及び私立病院内に於て醫療を受けつゝある患者の安樂便利。――此等も亦最も重要なる案件である。併し此等の問題の性質は、東京市の死亡率に於けると同様に、之に關する資料の精密なる科學的調査を俟つて始めて發見し得るものである。

さて東京市内に行政作用を營む各種の行政機關は、既に各種の部分調査を行ひ、其の調査方法に於ても、結果に於ても、多くは優秀な成績を擧げてゐる。之は調べて見れば直ぐに判ることである。それにも拘らず、公衆衛生狀態全體については、未だ何等の科學的、總括的調査が行はれてゐないのである。以て茲に此の種の調査の急を提案する次第である。

大東京の衛生問題に關し、此の種の科學的研究が行はれるものと假定して、玆に米國に於ける衛生施設の大勢につき、其の一端を掲ぐるも强ち徒爾ではあるまい。未だ之を知らざる日本人にとつては興味があるかも知れぬ。

先づ第一に、疾病の豫防に精力を傾注することを力說しなければならぬ。之は現在米國に於ける公衆衛生事業の顯著なる特色である。疾病豫防の努力は、結局疾病の社會的、經濟的原因並びに工場衛生、住宅及び食料管理の方面――廣義の社會事業――の研究に入るものである。

米國に於ける公衆衛生の第二の特徴は、兒童衛生及び公共託兒所を重視することである。

第三の特徴は、(イ)患者に對して出來るだけの便宜と安樂とを與へ、(ロ)醫者の命令の實行を嚴重に取締り、(ハ)看護法を最高度まで發達せしめむが爲めに、病院の建設と管理とに深く思を致すことである。

第四は强力なる統合的衛生機關を創設し、之が組織としては行政技術に詳密の注意を拂ひ、資金を潤澤ならしむることである。

第五は、豫防事業の一部として公衆衞生教育を重んずることとてある。

第六は、標準的仕樣書の發達に依り、衞生檢査の仕事を絶えず改善し、右の仕樣書は、できるだけ個人的判斷の要素を減小する爲めに、建築材料及び狀態に對して檢査官が之を適用することとてある。

米國の公衆衞生機關が其の活潑なる豫防方法に依つて、著るしく市内の死亡率を減ずるを得たる以上、東京市の當局者に於て、市の高率なる死亡率を引下げむとするに當つては、米國並に歐洲の實例に依つて稗益するところ多かるべきは、之を推定して可なりと思ふ。

西洋より來訪する公衆衞生の研究者は、日本に於ける公衆衞生機關の主宰者が、醫學出の人よりも、寧ろ法學出の人々てあるのを見れば、さぞ驚くこととてあらう。此の慣習の理由を訊したところが、日本の行政に通じた權威者から次の如き回答を得た。『日本の醫者は、普通に醫學の研究と診療との專門家てある。彼等の中て公衆衞生行政に素養ある者は殆んどない。又彼等は通例公衆衞生行政について、特別の興味を有つてゐないのてある。從つて公衆衞生機關については、經驗ある行政官を醫學界の外部から求むる必要を生じたのである。」

此の議論は日本の現狀から見れば、全然的を外れたものではないかも知らぬが、併し之が最後の斷定にはまらぬ。公衆衞生行政については、醫學と行政とに通じた專門家を要することは、議論を須たぬところである。或は日本の醫師が、現在に於ては主として研究と診療とに沒頭してゐるといふことは、事實かも知れぬが、併し日本に於ても(他國と同樣に)新たに努力の重心を求むべき時は來てゐる。公衆衞生は國家的、國際的見地から觀て、極めて重大な問題であつて、日本に於ても公衆衞生行政家を養成すべき學校を必要とするのである。之は政府並に醫學校に於て、早急の注意を要する問題である。

擱筆するに當り一言すべきは、上の報告及び事業計畫が、都市行政の各部門について、日本の專門家に何等新事實を提供するものではないといふことである。又之を直ちに實行するについて、必要な細目に亘る仕樣書を提示してもゐない。若し本報告書に、何等か獨特のものがありとせば、一卷の書物に多くの重要なる問題を集め、各方面の專門家や、社會の福利に興味を有する市民が見て、東京市の都市經營と其の進

歩とに關する諸問題を、全體として理解し得るやうに整理してあるといふことであ
る。尙ほ希望としては、之まで市政問題については殆んど思を致さなかつた市民、並
に斯かる問題は實際的效果の薄いものと思つてゐた人々が、本書に依つて、市政は事
實上市民日々の生活に密接の關係を有するものであり、又深甚なる興味を繋ぐに値
する問題であることを見出されむこととである。

東京市政論（畢）

定價金貳圓五拾錢

大正十二年十二月二十八日印刷
大正十二年十二月三十一日發行

發行兼編輯者　財團法人東京市政調査會
東京市麻布區笄町二十二番地
右代表者　澤田謙
東京市京橋區加賀町九、十、十一番地
印刷者　大谷仁兵衛
東京市牛込區西五軒町五十二番地
印刷所　行政學會第二工場印刷所
東京市京橋區加賀町九、十、十一番地
假事務所　東京府荏原郡平塚村戸越五〇五番ノ七
發賣所　帝國地方行政學會

地方自治法研究復刊大系〔第238巻〕

東京市政論〔大正12年初版〕

日本立法資料全集 別巻 1048

2017(平成29)年12月25日　復刻版第1刷発行　7648-0:012-010-005

編　輯　㈶東京市政調査会
発行者　今井　貴
　　　　稲葉文子
発行所　株式会社信山社

〒113-0033 東京都文京区本郷6-2-9-102東大正門前
Ⓣ03(3818)1019　Ⓕ03(3818)0344
来栖支店〒309-1625 茨城県笠間市来栖2345-1
Ⓣ0296-71-0215　Ⓕ0296-72-5410
笠間才木支店〒309-1611 笠間市笠間515-3
Ⓣ0296-71-9081　Ⓕ0296-71-9082

印刷所　ワイズ書籍
製本所　カナメブックス
用　紙　七洋紙業

printed in Japan　分類 323.934 g 1048

ISBN978-4-7972-7648-0 C3332 ¥28000E

日本立法資料全集 別巻

地方自治法研究復刊大系

改正 府県制郡制要義 第4版〔明治40年12月発行〕／美濃部達吉 著
判例挿入 自治法規全集 全〔明治41年6月発行〕／池田繁太郎 著
市町村執務要覧 全 第一分冊〔明治42年6月発行〕／大成会編輯局 編輯
市町村執務要覧 全 第二分冊〔明治42年6月発行〕／大成会編輯局 編輯比較研究
自治要義 明治43年再版〔明治43年3月発行〕／井上友一 著
自治之精髄〔明治43年4月発行〕／水野錬太郎 著
市制町村制講義 全〔明治43年6月発行〕／秋野沆 著
改正 市制町村制講義 第4版〔明治43年6月発行〕／土清水幸一 著
地方自治の手引〔明治44年3月発行〕／前田宇治郎 著
新旧対照 市制町村制 及 理由 第9版〔明治44年4月発行〕／荒川五郎 著
改正 市制町村制 附 改正要義〔明治44年4月発行〕／田山宗堯 編輯
改正 市町村制問答説明 明治44年初版〔明治44年4月発行〕／一木千太郎 編纂
改正 市制町村制〔明治44年4月発行〕／田山宗堯 編輯
旧制対照 改正市町村制 附 改正理由〔明治44年5月発行〕／博文館編輯局 編
改正 市制町村制〔明治44年5月発行〕／石田忠兵衛 編輯
改正 市制町村制詳解〔明治44年5月発行〕／坪谷善四郎 著
改正 市制町村制註釈〔明治44年5月発行〕／中村文城 註釈
改正 市制町村制正解〔明治44年6月発行〕／武知彌三郎 著
改正 市町村制講義〔明治44年6月発行〕／法典研究会 著
新旧対照 改正 市制町村制新釈 明治44年初版〔明治44年6月発行〕／佐藤貞雄 編纂
改正 町村制詳解〔明治44年8月発行〕／長峰安三郎 三浦通太 野田千太郎 著
新旧対照 市制町村制正文〔明治44年8月発行〕自治館編輯局 編纂
地方革新講話〔明治44年9月発行〕西内天行 著
改正 市制町村制釈義〔明治44年9月発行〕／中川健蔵 宮内國太郎 他 著
改正 市制町村制正解 附 施行諸規則〔明治44年10月発行〕／福井淳 著
改正 市制町村制講義 附 施行諸規則 及 市町村事務摘要〔明治44年10月発行〕／樋山廣業 著
新旧比照 改正市制町村制註釈 附 改正北海道二級町村制〔明治44年11月発行〕／植田鹽恵 著
改正 市町村制 並 附属法規〔明治44年11月発行〕／楠綾雄 編輯
改正 市制町村制精義 全〔明治44年12月発行〕／平田東助 題字 梶康郎 著述
改正 市制町村制義解〔明治45年1月発行〕／行政法研究会 講述 藤田謙堂 監修
増訂 地方制度之栞 第13版〔明治45年2月発行〕／警眼社編集部 編纂
地方自治 及 振興策〔明治45年3月発行〕／床次竹二郎 著
改正 市制町村制正解 附 施行諸規則 第7版〔明治45年3月発行〕福井淳 著
増訂 農村自治之研究 大正2年第5版〔大正2年6月発行〕／山崎延吉 著
自治之開発訓練〔大正元年6月発行〕／井上友一 著
市制町村制逐條示解〔初版〕第一分冊〔大正元年9月発行〕／五十嵐鑛三郎 他 著
市制町村制逐條示解〔初版〕第二分冊〔大正元年9月発行〕／五十嵐鑛三郎 他 著
改正 市町村制問答説明 附 施行細則 訂正増補3版〔大正元年12月発行〕／平井千太郎 編纂
改正 市制町村制註釈 附 施行諸規則〔大正2年3月発行〕／中村文城 註釈
改正 市町村制正文 附 施行法〔大正2年5月発行〕／林甲子太郎 編輯
増訂 地方制度之栞 第18版〔大正2年6月発行〕／警眼社 編集 編纂
改正 市制町村制詳解 附 関係法規 第13版〔大正2年7月発行〕／坪谷善四郎 著
改正 市制町村制 第5版〔大正2年7月発行〕／修学堂 編
細密調査 市町村便覧 附 分類官公衙公私学校銀行所在地一覧表〔大正2年10月発行〕／白山榮一郎 監修 森田公美 編著
改正 市制 及 町村制 訂正10版〔大正3年7月発行〕／山野金蔵 編輯
市制町村制正義〔第3版〕第一分冊〔大正3年10月発行〕／清水澄 末松偕一郎 他 著
市制町村制正義〔第3版〕第二分冊〔大正3年10月発行〕／清水澄 末松偕一郎 他 著
改正 市制町村制 及 附属法令〔大正3年11月発行〕／市町村雑誌社 編著
以呂波引 町村便覧〔大正4年2月発行〕／田山宗堯 編輯
改正 市制町村制講義 第10版〔大正5年6月発行〕／秋野沆 著
市制町村制実例大全〔第3版〕第一分冊〔大正5年9月発行〕／五十嵐鑛三郎 著
市制町村制実例大全〔第3版〕第二分冊〔大正5年9月発行〕／五十嵐鑛三郎 著
市町村名辞典〔大正5年10月発行〕／杉野耕三郎 編
市町村吏員提要 第3版〔大正6年12月発行〕／田邊好一 著
改正 市制町村制と衆議院議員選挙法〔大正6年2月発行〕／服部喜太郎 編輯
新旧対照 改正 市制町村制新釈 附 施行細則 及 執務條規〔大正6年5月発行〕／佐藤貞雄 編纂
増訂 地方制度之栞 大正6年第44版〔大正6年5月発行〕／警眼社編輯部 編纂
実地応用 町村制問答 第2版〔大正6年7月発行〕／市町村雑誌社 編纂
帝国市町村便覧〔大正6年9月発行〕／大西林五郎 編
地方自治講話〔大正7年12月発行〕／田中四郎左右衛門 編輯

信山社

日本立法資料全集 別巻

地方自治法研究復刊大系

参照比較 **市町村制註釈** 完 附 問答理由〔明治22年6月発行〕／山中兵吉 著述
市町村議員必携〔明治22年6月発行〕／川瀬周次 田中迪三 合著
参照比較 **市町村制註釈** 完 附 問答理由 第2版〔明治22年6月発行〕／山中兵吉 著述
自治新制 **市町村会法要談** 全〔明治22年11月発行〕／高嶋正載 著述 田中重策 著述
国税 地方税 **市町村税 滞納処分法問答**〔明治23年5月発行〕／竹尾高堅 著
日本之法律 **府県制郡制正解**〔明治23年5月発行〕／宮川大壽 編輯
府県制郡制註釈〔明治23年6月発行〕／田島彦四郎 註釈
日本法典全書 第一編 **府県制郡制註釈**〔明治23年6月発行〕／坪谷善四郎 著
府県制郡制義解 全〔明治23年6月発行〕／北野竹次郎 編著
市町村役場実用 完〔明治23年7月発行〕／福井淳 編纂
市町村制実務要書 上巻 再版〔明治24年1月発行〕／田中知邦 編纂
市町村制実務要書 下巻 再版〔明治24年3月発行〕／田中知邦 編纂
米国地方制度 全〔明治32年9月発行〕／板垣退助 序 根本正 纂訳
公民必携 **市町村制実用** 全 増補第3版〔明治25年3月発行〕／進藤彬 著
訂正増補 **議制全書** 第3版〔明治25年4月発行〕／岩藤良太 編纂
市町村制実務要書続編 全〔明治25年5月発行〕／田中知邦 著
地方學事法規〔明治25年5月発行〕／鶴鳴社 編
増補 **町村制執務備考** 全〔明治25年10月発行〕／増澤鐵 國吉拓郎 同輯
町村制執務要録 全〔明治25年12月発行〕／鷹巣清二郎 編輯
府県制郡制便覧 明治27年初版〔明治27年3月発行〕／須田健吉 編輯
郡市町村史員 **収税実務要書**〔明治27年11月発行〕／荻野千之助 編纂
改訂増補鼇頭参照 **市町村制講義** 第9版〔明治28年5月発行〕／蟻川堅治 講述
改正増補 **市町村制実務要書** 上巻〔明治29年4月発行〕／田中知邦 編纂
市町村制詳解 附 理由書 改正再版〔明治29年5月発行〕／島村文耕 校閲 福井淳 著述
改正増補 **市町村制実務要書** 下巻〔明治29年7月発行〕／田中知邦 編纂
府県制 郡制 町村制 **新税法** 公民之友 完〔明治29年8月発行〕／内田安蔵 五十野譲 著述
市制町村制註釈 附 市制町村制理由 第14版〔明治29年11月発行〕／坪谷善四郎 著
府県制郡制註釈〔明治30年9月発行〕／岸本辰雄 校閲 林信重 註釈
市町村新旧対照一覧〔明治30年9月発行〕／中村芳松 編輯
町村至宝〔明治30年9月発行〕／品川彌二郎 題字 元田肇 序文 桂虎次郎 編纂
市制町村制應用大全 完〔明治31年4月発行〕／島田三郎 序 大西多典 編纂
傍訓註釈 **市制町村制** 並ニ 理由書〔明治31年12月発行〕／筒井時治 著
改正 **府県郡制問答講義**〔明治32年4月発行〕／木内英雄 編纂
改正 **府県制郡制正文**〔明治32年4月発行〕／大塚宇三郎 編纂
府県制郡制〔明治32年4月発行〕／徳田文雄 編輯
郡制府県制 完〔明治32年5月発行〕／魚住嘉三郎 編輯
参照比較 **市町村制註釈** 附 問答理由 第10版〔明治32年6月発行〕／山中兵吉 著述
改正 **府県制郡制註釈** 第2版〔明治32年6月発行〕／福井淳 著
府県制郡制釈義 全 第3版〔明治32年7月発行〕／栗本勇之助 森惣之祐 同著
改正 **府県制郡制註釈** 第3版〔明治32年8月発行〕／福井淳 著
地方制度通 全〔明治32年9月発行〕／上山満之進 著
市町村新旧対照一覧 訂正第五版〔明治32年9月発行〕／中村芳松 編輯
改正 **府県制郡制** 並 **関係法規**〔明治32年9月発行〕／鷲見金三郎 編纂
改正 **府県制郡制釈義** 再版〔明治32年11月発行〕／坪谷善四郎 著
改正 **府県制郡制釈義** 第3版〔明治34年2月発行〕／坪谷善四郎 著
再版 **市町村制例規**〔明治34年11月発行〕／野元友三郎 編纂
地方制度実例総覧〔明治34年12月発行〕／南浦西郷侯爵 題字 自治館編集局 編纂
傍訓 **市制町村制註釈**〔明治35年3月発行〕／福井淳 著
地方自治提要 全〔明治35年5月発行〕／木村時義 校閲 吉武則久 編纂
市制町村制釈義〔明治35年6月発行〕／坪谷善四郎 著
帝国議会 府県会 郡会 市町村会 **議員必携** 附 関係法規 第一分冊〔明治36年5月発行〕／小原新三 口述
帝国議会 府県会 郡会 市町村会 **議員必携** 附 関係法規 第二分冊〔明治36年5月発行〕／小原新三 口述
地方制度実例総覧〔明治36年8月発行〕／芳川顯正 題字 山脇玄 序文 金田謙 著
市町村是〔明治36年11月発行〕／野田千太郎 編纂
市制町村制釈義 明治37年第4版〔明治37年6月発行〕／坪谷善四郎 著
府県郡市町村 **模範治績** 附 耕地整理法 産業組合法 附属法例〔明治39年2月発行〕／荻野千之助 編輯
自治之模範〔明治39年6月発行〕／江木翼 編
実用 **北海道郡区町村案内** 全 附 里程表 第7版〔明治40年9月発行〕／廣瀬清澄 著述
自治行政例規 全〔明治40年10月発行〕／市町村雑誌社 編著

信山社